Preisverhandlungen erfolgreich führen und gewinnen

Lizenz zum Wissen.

Sichern Sie sich umfassendes Wirtschaftswissen mit Sofortzugriff auf tausende Fachbücher und Fachzeitschriften aus den Bereichen: Management, Finance & Controlling, Business IT, Marketing, Public Relations, Vertrieb und Banking.

Exklusiv für Leser von Springer-Fachbüchern: Testen Sie Springer für Professionals 30 Tage unverbindlich. Nutzen Sie dazu im Bestellverlauf Ihren persönlichen Aktionscode C0005407 auf www.springerprofessional.de/buchkunden/

Springer für Professionals.
Digitale Fachbibliothek. Themen-Scout. Knowledge-Manager.

- Zugriff auf tausende von Fachbüchern und Fachzeitschriften
- Selektion, Komprimierung und Verknüpfung relevanter Themen durch Fachredaktionen
- Tools zur persönlichen Wissensorganisation und Vernetzung

www.entschieden-intelligenter.de

Springer für Professionals

Michael Mauer

Preisverhandlungen erfolgreich führen und gewinnen

Rabattforderungen professionell abwehren – und Kunden trotzdem zufriedenstellen

Mängelexemplar

Michael Mauer
Bochum
Deutschland

ISBN 978-3-658-07601-6   ISBN 978-3-658-07602-3 (eBook)
DOI 10.1007/978-3-658-07602-3

Die Deutsche Nationalbibliothek verzeichnet diese Publikation in der Deutschen National-bibliografie; detaillierte bibliografische Daten sind im Internet über http://dnb.d-nb.de abrufbar.

Springer Gabler
© Springer Fachmedien Wiesbaden 2015
Das Werk einschließlich aller seiner Teile ist urheberrechtlich geschützt. Jede Verwertung, die nicht ausdrücklich vom Urheberrechtsgesetz zugelassen ist, bedarf der vorherigen Zustimmung des Verlags. Das gilt insbesondere für Vervielfältigungen, Bearbeitungen, Übersetzungen, Mikroverfilmungen und die Einspeicherung und Verarbeitung in elektronischen Systemen.
Die Wiedergabe von Gebrauchsnamen, Handelsnamen, Warenbezeichnungen usw. in diesem Werk berechtigt auch ohne besondere Kennzeichnung nicht zu der Annahme, dass solche Namen im Sinne der Warenzeichen- und Markenschutz-Gesetzgebung als frei zu betrachten wären und daher von jedermann benutzt werden dürften.
Der Verlag, die Autoren und die Herausgeber gehen davon aus, dass die Angaben und Informationen in diesem Werk zum Zeitpunkt der Veröffentlichung vollständig und korrekt sind. Weder der Verlag noch die Autoren oder die Herausgeber übernehmen, ausdrücklich oder implizit, Gewähr für den Inhalt des Werkes, etwaige Fehler oder Äußerungen.

Lektorat: Manuela Eckstein, Imke Sander

Gedruckt auf säurefreiem und chlorfrei gebleichtem Papier

Springer Fachmedien Wiesbaden ist Teil der Fachverlagsgruppe Springer Science+Business Media
(www.springer.com)

Vorwort

Warum ich dieses Buch für Sie geschrieben habe...

Dieses Buch habe ich speziell für alle im Verkauf tätigen Personen geschrieben, damit Sie im Umgang mit Ihren Kunden jederzeit auf ein praxisrelevantes und erprobtes Nachschlagewerk zurückgreifen können. Es erklärt, wie Rabattforderungen entstehen, und wie Sie unangemessene Rabattforderungen seitens des Kunden erfolgreich abwehren können. Mit der richtigen Gesprächsstrategie kommen Sie nicht nur zum erfolgreichen Abschluss sondern vielmehr zum zufriedenen Kunden. Somit sollte dieses Buch Ihr unentbehrlicher Freund und alltäglicher Begleiter im Verkauf werden.

Welche typischen Rabattstrategien gibt es? Welche Auswirkungen hat die Jagd nach dem Schnäppchen tatsächlich auf meine Geschäftsstrategie als Unternehmer? Wie können Sie als Verkäufer angemessen und kundenfreundlich auf Rabattjäger reagieren? Welche Strategien gibt es für Sie, die oftmals dreisten Rabattjäger angemessen in ihre Schranken zu weisen? Und schadet die erfolgreiche Jagd des Kunden nach einem Schnäppchen nicht letztendlich auch der Reputation Ihres Unternehmens? Mit diesen und vielen weiteren Fragen beschäftigt sich das Ihnen vorliegende Werk.

Das Internet und die Rasanz der technologischen Entwicklungen tragen im Geschäftsleben immer mehr zur Preistransparenz bei. Dies führt zwangsläufig dazu, dass nahezu jeder Kunde heutzutage nach Rabatten fragt. Schnäppchenjäger und Hobbyfeilscher prägen das Alltagsbild in vielen Geschäften. „Ist Geiz wirklich geil?" Diese Entwicklung bereitet vielen Unternehmern hinsichtlich der Gewinnerwartungen ihrer Geschäfte zunehmend große Sorgen. Auch meine Mitarbeiter ärgerten sich häufig über die dreisten Schnäppchenjäger, so dass alsbald der Wunsch nach einem Rüstzeug aufkam, mit dem wir uns gegen derartige Kundenanfragen nach Rabatt wappnen konnten. So entstand dieses Buch, das Sie auch als „Praxishandbuch des Verkäufers für Verhandlungsstrategien" bezeichnen können.

Das Werk soll Ihnen darüber hinaus die Zusammenhänge erklären, wie sie sich in der täglichen Praxis im aktuellen Marktgeschehen widerspiegeln. Ich möchte Ihnen im Folgenden nicht nur aufzeigen, welche effizienten Möglichkeiten der Abwehr es für Sie als Verkäufer gegenüber den Rabattstrategien der Kunden gibt, sondern Ihnen mithilfe dieses Buches gänzlich neue Verhandlungsperspektiven für Ihre tägliche Praxis eröffnen. Der Praxisteil des Buches ist mein persönliches Herzstück. Mit den hier dargestellten Strategien und Musterbeispielen werden Ihre zukünftigen Preisverhandlungen mit Kunden zum Instrumentarium qualifizierter Verkaufsberatung.

Die Zeiten bloßer, wenn auch oftmals hervorragend angewandter Verkaufsrhetorik, sind meines Erachtens vorbei. Denn nur die Kompetenz des Verkäufers, sprich dessen unentbehrliches Wissen um Produkt, Verhandlungsposition, Verhandlungsmasse und Kenntnis der Marktpreise schafft klare Verhältnisse für die Preisverhandlung und bleibende Werte für den Kunden.

Gewinnen Sie also Spaß an den Verhandlungsstrategien, die in diesem Buch vorgestellt werden. Entwickeln Sie selbst Ihre eigenen Erfolgsstrategien. Mit anderen Worten: Konzentrieren Sie sich aufs Tore schießen!

Die Wahl der richtigen Worte, aber auch der richtigen Verhandlungsstrategie, wird hierbei immer entscheidender. Bildlich formuliert, beginnt gelebte Kompetenz in Ihrem Unternehmen mit dem Einsatz der richtigen Mischung verschiedenster Instrumente für eine clevere und vor allem erfolgreiche Verhandlungstechnik. Diese Instrumente stelle ich Ihnen in diesem Buch vor. Doch bleiben Sie stets fair gegenüber dem Kunden. Persönlich betrachte ich für mich den Grundsatz von Fairness und gegenseitiger Wertschätzung als das Wichtigste in jeder Verhandlung und als wichtigstes Mittel für die Kundenbindung.

Viel Spaß beim Studium!

Eine angenehme Lektüre und erfolgreiches Verhandeln wünscht Ihnen herzlichst

Ihr

Michael Mauer

Bochum, im August 2014

Dem Autor ist bekannt, dass der sprachlichen Gleichbehandlung von Frau und Mann (Verkäufer**in** und Verkäufer, Fachberater**in** und Fachberater) eine besondere Bedeutung zukommt.[1] Jedoch werden in der hier vorliegenden Arbeit die Begriffe aus Vereinfachungsgründen nicht unterschieden und synonym verwendet.

---

[1] Vgl. Bundesministeriums für Bildung, Wissenschaft und Kultur (Hrsg.): Sprachliche Gleichbehandlung von Frauen und Männern im Bereich des Bundesministeriums für Bildung, Wissenschaft und Kultur, Begriff: Sprachliche Gleichbehandlung. http://www.bmukk.gv.at/ministerium/rs/2002_22.xml Zugegriffen: 02. August 2009.

Inhaltsverzeichnis

1	**Einführung**	1
2	**Es war einmal…der Glaube an den Preis**	3
	2.1 Kaufentscheidungen finden regelmäßig vor der Rabattforderung statt	3
	2.2 Wertschätzung als entscheidender Faktor für die Kundenbindung	4
	2.3 Ihr Nutzen für den Verkauf – „Übung macht den Meister"	4
	2.4 Auf die Signale des Verhandlungspartners achten	5
	2.5 Vorsicht bei zu hohen Rabatten – die „Kundenzufriedenheitsfalle"	5
	Literatur	6
3	**Ihre Verhandlungskompetenz**	7
	3.1 Analysestrategien	8
	3.2 Persönlichkeitsstrukturen	10
	3.3 Ihre Firmen- und Unternehmenskultur	12
	3.4 Gemeinsamkeitsstrukturen zwischen Ihnen und dem Kunden	13
	3.5 Willkommen in der Welt der Preisbildung	13
	3.6 Die Welt der Verhandlungstechniken – Der Ton macht die Musik	19
4	**Rabatte**	23
	4.1 Die Ursachen für Rabattbildung – Ursachen für das heutige Rabattwesen sind vielfältig	24
	4.2 Die Folgen zu hoher Rabatte für Sie und Ihr Unternehmen	26
	4.3 Die unterschiedlichen Anbieter und ihre Rabattsysteme	34
	Literatur	41
5	**Der Einzelhandel im direkten Vergleich…**	43
	5.1 …zu klassischen Auktionen	43
	5.2 …zu den Internetanbietern	46

6	**Die Verhandlungswelt der Strategien**	53
	6.1 Unterschiedliche Ansichten über Luxusgüter	54
	6.2 Warum fragen Kunden nach Rabatt?	54
	6.3 Die Typologie der Kunden – eine Mentalitätsfrage	54
	6.4 Der kulturelle Hintergrund der Rabattargumentationen	56
	6.5 Typische Kundenrabattstrategien	59
7	**Erfolgreiche Abwehrstrategien**	65
	7.1 Grundlagen	65
	7.2 Das Verhandlungsgespräch und seine Fallen – Die Herausforderungen an Sie als Verkäufer	67
	7.3 Die Argumentationsstrategie als Oberbegriff	74
	7.4 Die Rhetorik-Strategie als Oberbegriff	80
	7.5 Die Angebotsstrategie als Oberbegriff	83
8	**Praxisteil – Ihr Cross-Check für die erfolgreiche Verhandlung**	89
	8.1 Die Direktfragestrategien der Kunden	90
	8.2 Die Behauptungsfrager	95
	8.3 Die Erfahrungsstrategien der Kunden	114
	8.4 Die Vielversprecherstrategien	122
	8.5 Die Mitleidsstrategien der Kunden	126
	8.6 Die dreisten Kundenstrategien	130
	8.7 Die unkorrekten Kundenstrategien	134
9	**Anhang: Zusammenfassende Ratschläge**	137
	9.1 Die 11 Profile des Verkäufers	137
	9.2 Die 12 Tipps für den Verkaufsalltag	137
	9.3 Die 13 Regeln für den Rabattalltag	139
	9.4 Die 24 Tipps für Sie	139
	9.5 Übersicht: Die Strategien zur Abwehr von Rabatt	141
Nachwort		143
Weiterführende Literatur von Springer Gabler		145

Einführung 1

Als erstes erfolgt in diesem Buch eine Einleitung über die allgemeinen Erfahrungen mit Kunden und den Umgang mit Gewährung von Rabatten. Die Verhandlungskompetenz als Grundlage jeder Verhandlungsstrategie wird hier im Zusammenhang mit Persönlichkeitsstrukturen, Firmen- und Unternehmenskulturen wie auch der Vernetzung mit Ihnen und dem Kunden dargestellt.

Im Weiteren geht es um die allgemeinen theoretischen Kenntnisse von Preistechniken, Verhandlungstechniken und die Grundlagen erfolgreicher Abwehrstrategien. Besondere Schwerpunkte sind die Thematisierung des Begriffes Rabatt, die Folgen zu hoher Rabatte und der Einstieg in die unterschiedlichen Anbieter und ihre Rabattsysteme.

Der darauffolgende Teil des Buches ist der Welt der Verhandlungsstrategien gewidmet. Kunden und ihre Rabattstrategien und die Erfahrung im Umgang mit ihnen werden hier dargestellt. Es ist auch der Einstieg in die Grundlagen erfolgreicher Abwehrstrategien und die erste Herausforderung an den Verkäufer bezüglich unterschiedlicher Strategien.

Der abschließende Teil des Buches beschäftigt sich konsequent mit der Praxis und der tatsächlichen Anwendung von Rabattabwehrstrategien. Hier werden für die zahlreichen Rabattstrategien der Kunden konsequente Gegenstrategien mit Beispielen vorgestellt. Im Fazit werden die gewonnenen Erkenntnisse zusammengefasst und mit Handlungsempfehlungen verbunden.

2 Es war einmal…der Glaube an den Preis

Der Teil zum Thema *Preisverhandlungen* in diesem Buch entstand ursprünglich auf direkten Wunsch meiner im Verkauf beschäftigten Mitarbeiter und durch Anregungen von Praxisteilnehmern an Seminaren über Verhandlungstechniken zur Vermeidung zu hoher Rabatte. In einer Zeit transparenter werdender Märkte und stärkerer Bewusstseinsbildung des Verbrauchers über Finanzoptimierung, rückt das Thema „Rabatte" und deren Bildung mehr und mehr in den Fokus. Konsumenten bedienen sich hierbei einer Vielzahl intuitiv oder bewusst gewählter Strategien zur Erreichung ihrer Ziele, die einer individuell angemessenen Reaktion des Verkäufers bedürfen.

Der umfassende Bereich der Konsumentenpsychologie ist inzwischen in der Wissenschaft weit erforscht. Es existieren verschiedene Strategievarianten der Konsumenten bei der Frage nach einem Rabatt. Die Grundgedanken dieser Strategievarianten werden zunächst von mir so skizziert, wie ich sie in der täglichen Praxis meiner Mitarbeiter und innerhalb von Diskussionen mit Seminarteilnehmern erlebt habe.

2.1 Kaufentscheidungen finden regelmäßig vor der Rabattforderung statt

Allgemein ist zu konstatieren, dass die Frage des Käufers nach Rabatt in der Regel erst dann im Gesprächsverlauf gestellt wird, wenn er für sich bereits eine fundierte Kaufentscheidung mit Abwägung von Vor- und Nachteilen getroffen hat. Die finale Preisfrage ist der letzte Indikator für einen Kauf. Dabei steht weniger der tatsächlich geforderte Preisnachlass im Vordergrund, da eine getroffene Kaufentscheidung in den meisten Fällen unumstößlich ist, als vielmehr das Eingehen und die Reaktion des Verkäufers, um dem Kunden ein Gefühl von Verständnis und Wertschätzung seines Kaufes zu vermitteln und ihn so nicht nur einmalig, sondern langfristig an das Unternehmen zu binden. Auch wenn der Kunde Signale vermittelt, die darauf hindeuten, dass er nur unter der Prämisse eines Preisnachlasses kaufen würde, ist dies meist nur ein Bestandteil seiner Strategie. Die Bedeutung der im Voraus getroffenen Kaufentscheidung, die den Konsumenten zu der Frage eines Rabattes bewegt, ist wissenschaftlich belegt. Der zentrale Schritt zum Kauf ist nicht alleine vom gewährten Rabatt abhängig. Der geforderte Preisnachlass selbst ist für den Kunden nur von sekundärer Bedeutung. Auch meine umfangreichen eigenen Untersuchungen führten zum gleichen Ergebnis.

2.2 Wertschätzung als entscheidender Faktor für die Kundenbindung

Dennoch darf nicht außer Acht gelassen werden, dass die Interaktion des Verkäufers mit dem Kunden der zentrale Faktor und die Basis einer operativen Verhandlung ist. Entscheidend für den erfolgreichen Verkauf eines Produktes ist für den Verkäufer das Vermitteln von positiven Erlebnissen für den Kunden während des Kaufes. Um diese für den Kauf und die Langzeitbindung wichtigen Emotionen hervorzurufen, gibt es verschiedene Möglichkeiten von Verhaltensweisen, derer sich der Verkäufer bedienen kann. Zum einen wird dem Kunden durch eine stets freundliche und seinen Wünschen zuvorkommende exklusive Beratung ein Gefühl der Verpflichtung impliziert, das ihn dazu veranlasst, dieser Beratung seinerseits gerecht zu werden. Auch Kundengeschenke, selbst wenn es sich nur um kleine Aufmerksamkeiten handelt, tragen anstelle eines Preisnachlasses dazu bei, dass der Kunde das Geschäft mit einem guten Gefühl hinsichtlich seines gerade erstandenen Produktes verlässt. Er hat dabei das Empfinden, mehr bekommen zu haben, als er vor seinem Kauf erwartet hat. Diese Situation ist sowohl aus psychologischer als auch aus ökonomischer Sicht eine klassische „Win-Win-Situation", in der beide Parteien mit ihrer soeben getroffenen Marktübereinkunft zufrieden sind. Dies ist die Basis für Geschäfte des Vertrauens, aus denen Kundenzufriedenheit und langfristige Kundenbindung entstehen.

2.3 Ihr Nutzen für den Verkauf – „Übung macht den Meister"

Das Buch und die darin aufgezeigten Strategien sowie die exemplarisch hierfür dargestellten Möglichkeiten, sollen Ihnen als Leitfaden für zukünftige Verkaufsgespräche und Preisverhandlungen dienen und damit einen zusätzlichen Gewinn an Verhandlungssicherheit bieten. Die Auswahl an möglichen Verhandlungstechniken muss selbstverständlich jedem Kunden und jeder Verkaufssituation individuell angepasst werden.

> **Mein Tipp für Sie** Nutzen Sie die hier vorgestellten Strategien so oft, wie es Ihnen in Ihrer täglichen Praxis möglich ist.

So können Sie bei täglichem Training Ihre Souveränität dem Kunden gegenüber unter Beweis stellen. Wichtig hierbei ist es für Sie als Verkäufer jedoch, stets sachlich und höflich zu bleiben, unabhängig davon, wie dreist von einem Verhandlungspartner Forderungen aufgestellt werden.

2.4 Auf die Signale des Verhandlungspartners achten

Die Körpersprache des Verhandlungspartners, insbesondere seine Mimik während der Verkaufsinteraktion, stellt für den Verkäufer eine wichtige Informationsquelle dar, um adäquat auf Spannungssituationen zu reagieren. Ein erstauntes Gesicht, ein zufriedenes Gesicht oder gar ein verärgerter Blick verraten dem Verkäufer, ob der Kunde sich in diesem Moment gut in der Verhandlung aufgehoben fühlt.

▶ **Mein Tipp für Sie** Achten Sie daher auf jegliche nonverbalen Signale des Kunden und halten Sie während des Gesprächs stets Blickkontakt mit dem Kunden.

Kann der Verkäufer an einer Stelle des Verkaufsgesprächs Missmut oder Verärgerung des Kunden feststellen, ist eine Änderung seiner Strategie angebracht, um keine negative Änderung des Verkaufsklimas zu riskieren oder den Kunden gar ganz zu verlieren.

2.5 Vorsicht bei zu hohen Rabatten – die „Kundenzufriedenheitsfalle"

Generell ist bei der Gewährung hoher Rabatte Vorsicht geboten. Dies kann sich in der Praxis schnell zu einem Problem entwickeln, das man „Kundenzufriedenheitsfalle" nennt. Prof. Dr. Christian Homburg von der Universität Mannheim hat dieses Phänomen wissenschaftlich untersucht. Danach nimmt der Kunde das Übertreffen seiner erwarteten Leistung aktiv wahr, setzt dieses aber bei seinem nächsten Besuch, aufgrund einer mangelnden Erklärung seitens des Verkäufers, als selbstverständlich voraus. Dadurch wird folglich eine Erwartungsspirale des Kunden in Gang gesetzt. Der hohe Nachlass wird von dem Kunden zukünftig als neue Basis seines Selbstverständnisses herangezogen und er ist dann bestenfalls zufrieden oder sogar unzufrieden wenn diese Selbstverständlichkeit nicht erneut an Leistung übertroffen wird. Der Kunde erwartet nun immer mehr und ist selbst mit einer Extraleistung, die NICHT selbstverständlich ist, kaum mehr zufrieden. Dieses Phänomen entwickelt sich zu einem Kreislauf, der darin endet, dass der Kunde unzufrieden ist, da der Verkäufer den steigenden Ansprüchen ab einem gewissen Maße nicht mehr gerecht werden kann. Um diesem Negativphänomen vorzubeugen, muss dem Kunden die Extraleistung, hier die Gewährung eines Rabattes, klar verständlich und als einmaliges und nur für diesen Erwerb gemachtes Angebot kommuniziert werden. Diese wichtige Erkenntnis wird insbesondere im Kapitel „Die Folgen zu hoher Rabatte für Sie und Ihr Unternehmen" nochmals intensiv besprochen.

Literatur

Homburg, Ch., H. Schäfer, und J. Schneider. 2003. *Sales Excellence – Vertriebsmanagement mit System*. 3. Aufl., S. 5. Wiesbaden.

Ihre Verhandlungskompetenz 3

Folgende vier Grundelemente sind entscheidend für jede Preisverhandlung (vgl. Abb. 3.1). Sie bestimmen im Ganzen Ihre Verhandlungskompetenz. Diese sollten Sie genau kennen und in Ihren Geschäftsalltag ganz selbstverständlich integrieren können. Es handelt sich hierbei um

1. **A = Analysestrategien**
2. **P = Persönlichkeitsstrukturen**
3. **F = Ihre eigene Firmenkultur**
4. **G = Gemeinsamkeitsstrukturen zwischen Ihnen und dem Kunden**

Ohne Ihre überzeugende Kompetenz in einer Verhandlung ist kein Erfolg gewährleistet. Verhandlungskompetenz bedeutet hier die Fähigkeit des Verkäufers, Unstimmigkeiten zwischen den Verhandlungspartnern zu erkennen und zu lösen. Die Vorgehensweise unterliegt im Prinzip einem methodischen, sachlichen Verfahren. Hierbei geht es darum, volitionale Elemente zu verknüpfen. Dem Prinzip nach ist dies die Bereitschaft des Verkäufers, durch den intelligenten Einsatz kritisch-konstruktiver Didaktik, für Lösungen offen zu sein. Es reicht somit nicht allein aus, ein qualitätsorientierter Verkäufer von Produkten und Dienstleistungen zu sein. Als Verkäufer müssen Sie in der Lage sein, den Kunden erst einmal genau einzuschätzen. Doch ist mein Verhandlungspartner selbst kompetent und überhaupt in der Lage, Kompetenz richtig zu bewerten? Diese Frage sollten Sie sich zunächst stellen. Hier empfehle ich auch das gelegentliche Abstandnehmen von eigenen, zu starren Wertevorstellungen. Besinnen Sie sich zunächst auf Ihre eigene methodisch-sachliche Vorgehensweise, den Kern Ihrer Verhandlungskompetenz. Was diese ausmacht, werde ich im Folgenden näher erläutern.

© Springer Fachmedien Wiesbaden 2015
M. Mauer, *Preisverhandlungen erfolgreich führen und gewinnen*,
DOI 10.1007/978-3-658-07602-3_3

Abb. 3.1 Verhandlungskompetenz. (eigene Darstellung)

3.1 Analysestrategien

In der Praxis beschnuppern Verhandlungspartner erst einmal gegenseitig ihre Kompetenzen. Sie testen die Grenzen des jeweils anderen aus. Das Beschnuppern bezieht sich hierbei sowohl auf die typischen Verhandlungstechniken, wie auch auf die fundierten Produktkenntnisse und die Rhetorik des Anderen. Hier ist nicht nur das Wissen um Produkteigenschaften, Preise und Marken, sondern auch das Ergründen der Kaufmotive des Kunden von hoher Bedeutung für die erfolgreiche Preisverhandlung. Kompetente Verhandlungspartner sind durchaus in der Lage, sehr schnell und gekonnt Analysen über die Kompetenz ihres Verhandlungspartners durch zu führen. Hierbei helfen Ihnen die von mir entwickelten Analysetools. Diese stelle ich Ihnen im Folgenden anhand eines Selbsteinschätzungstests vor.

Die Analysetools sollen Ihnen als Verkäufer dazu dienen, den Verlauf einer Verhandlung vorab in seine Bestandteile zu zerlegen, um ein strategisch geordnetes Konzept daraus zu entwickeln. Hierbei gilt für Sie die Prämisse: Analyse vor Verhandlung! Die sinnvolle Vernetzung der einzelnen Verhandlungsbausteine und die Integration von ausgefeilter Gesprächsführungsstrategie ist Grundvoraussetzung für erfolgreiches Verhandeln.

Ihre Individuelle Verhandlungsstrategie ist entscheidend
Dabei will ich nicht außer Acht lassen, dass jeder Mensch seine eigenen Analysetools für sich entwickeln kann. Ich befürworte dies sogar ausdrücklich. Daraus entwickelt sich eben eine persönliche und nicht standardisierte Verhandlungsstrategie.

Derjenige, der die Analysetools genau beherrscht, ist im Regelfall jemand, der sehr besonnen, umsichtig aber auch zielstrebig und ergebnisorientiert Preisverhandlungen führen kann. Der Einsatz erlernter kluger rhetorischer Phrasen reicht für ein kompetentes Verhandeln bei Weitem nicht mehr aus. Beginnen wir also gleich bei Ihnen.

Selbsteinschätzungstest: Wie gut ist ihre Verhandlungskompetenz ausgeprägt?
Doch wie bewerten Sie denn eigentlich Ihre eigene Verhandlungskompetenz? Ohne eine gründliche Analyse des Kunden und seiner Wünsche werden Sie nicht in der Lage sein, geeignete Strategien für die Kundenbindung zu entwickeln oder gar anzuwenden. Was

3.1 Analysestrategien

soll auch der „Hammer an der Schraube"? Beginnen Sie doch mal gleich mit der Analyse im eigenen Unternehmen. Unverzichtbarer Bestandteil einer solchen Analyse ist das im Unternehmen übliche Rabattverhalten. Wie werden Rabatte in Ihrem Unternehmen gehandhabt, gibt es Differenzierungen bei Warengruppen und wie unterschiedlich gehen Sie selbst mit Speed- oder Slowmovern um? In Abb. 3.2 finden Sie Ihre persönlichen Bewertungskriterien für die Einschätzung, ob Sie sich selbst für einen guten Verhandlungspartner halten.

▶ **Mein Tipp für Sie** Füllen Sie nach dem Lesen des Buches und vor dem ersten Verkaufsgespräch noch einmal den Selbsttest aus. Ein weiteres Mal nach der Anwendung in der Praxis. Bewerten Sie selbst Ihren Erfolg.

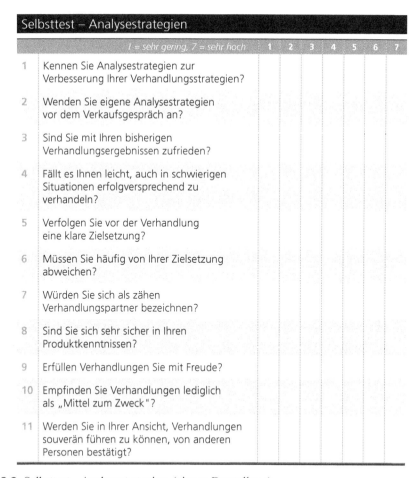

Abb. 3.2 Selbsttest – Analysestrategien. (eigene Darstellung)

3.2 Persönlichkeitsstrukturen

Für den ersten Eindruck gibt es keine zweite Chance, so ein altes Sprichwort. Beginnt mangelnde Kompetenz nicht schon da, wo und wie Ihr Verhandlungspartner Sie in dem Moment des ersten Augenblicks wahrnimmt? Folgende Aspekte sollten Sie hier beherzigen.

Ihr Auftreten – das äußere Erscheinungsbild des Verkäufers Der erste Kontakt anlässlich eines gemeinsamen Verhandlungsgesprächs ist der Blickkontakt. Der erste Sichtkontakt wird geprägt durch Ihr Erscheinungsbild. Die Kleiderordnung in Ihrem Unternehmen dürfte durch Ihre Persönlichkeit und die Firmenkultur vorgegeben sein. Das Erscheinungsbild ist aber auch Ihre Verhandlungsumgebung. Testen Sie Ihre Geschäftsräume: Sind Ihr Büro oder Verkaufsraum, insbesondere auch der Verhandlungstisch dem Anlass einer Verhandlung angemessen? Wird sich Ihr Verhandlungspartner Ihrer Ansicht nach dort wohlfühlen? Gibt es mögliche Störfaktoren, die die Verkaufsatmosphäre negativ beeinflussen könnten?

Ihr Auftritt als Aushängeschild des Unternehmens ist entscheidend Noch bevor wir uns mit den eigentlichen Grundlagen der Preisverhandlungstechniken beschäftigen, möchte ich Ihnen die allerwichtigste Grundlage für ein erfolgreiches Verkaufsgeschäft vorstellen, und das sind …

    SIE

Ihr Verhandlungspartner hat im Regelfall eine Menge Erfahrung in der Preisverhandlung. Die üblichen klugen Sprüche mancher Verkäufer kennt er auch schon und er weiß inzwischen, darauf mit seinen entsprechenden Mitteln zu reagieren. Vermitteln Sie Ihrem Kunden daher nicht nur das „Verkaufen" sondern auch das „Zufriedensein". Denn der Kunde kauft nicht nur Produkte oder Dienstleistungen sondern auch das sichere Gefühl einer richtigen Entscheidung. Dazu benötigt er Sie und Ihre Verhandlungsfähigkeiten, um nach Abschluss des Kaufvertrages ein Gefühl der Zufriedenheit zu erlangen.

Den Kunden interpretieren lernen – entwickeln Sie ein Gespür für den Kunden Aber wie ist es mit Ihrem Gefühl? Sie sollten ein Gefühl für die richtige Einschätzung der Antworten und Informationen Ihres Verhandlungspartners entwickeln können. Auch das will erlernt sein. Lernen Sie daher, den Kunden nicht nur über seine Mimik und Gestik richtig zu interpretieren, Zuhören ist die oberste Disziplin! Hinter jeder Äußerung des Kunden, und sei sie scheinbar noch so banal, steckt in der Regel eine für Ihre Verkaufsstrategie verwertbare Aussage.

Der Kundenkontakt am Telefon – Professionalität durch Freundlichkeit Doch wie ist Kompetenz in einem telefonischen Verhandlungsgespräch erlebbar? Das Lächeln und die Freundlichkeit der Begrüßung sind sicherlich nicht sichtbar für Ihr Gegenüber, aber die

Intonation der Sprache und eine gehobene, respektvolle Ausdrucksweise sind ein sicheres Kennzeichen für Professionalität aus der Perspektive Ihres Verhandlungspartners am anderen Ende der Leitung.

Kommunikation und Sprache während der Preisverhandlung Die Achtsamkeit um sein Wohlergehen sollten Sie Ihrem Verhandlungspartner gegenüber buchstäblich zelebrieren. Dies kann durch Fragen wie etwa „Hätten Sie Freude an einem Kaffee?", oder „Was darf ich noch Gutes für Sie tun?" geschehen. Ruhe, Sachlichkeit und Besonnenheit in der Sprache sind sicherlich die wichtigsten Tugenden für ein erfolgreiches Verhandlungsklima. Ihr Gesprächspartner soll sich bei Ihnen rundum gut aufgehoben fühlen. Das sichere Zeichen für Kompetenz ist aber das umfangreiche und perfekte Wissen um die Verhandlungstaktiken. Hierunter ist ein umfassendes Repertoire an passenden Fragestellungen und Antworten zu verstehen, dass das Kundenanliegen stets komplett berücksichtigt. Dies sollten Sie sich aus eigener Erfahrung und nach eigenem Belieben zusammenstellen. Es zählt eben nicht nur fundiertes Wissen des Verkäufers um die eigenen Produkte oder Dienstleistungen. Verkaufserfolge sind vielmehr das Ergebnis des geschickten Einsatzes der Verhandlungstechniken in der Sprache. Das Eingehen auf Einwände, das Berücksichtigen von Änderungswünschen und die Bereitschaft zuzuhören ohne den Gesprächspartner zu unterbrechen, definiert Ihre Verhandlungskompetenz.

▶   **Mein Tipp für Sie** Bitte keine Monologe führen.

Führen Sie keine Monologe und reagieren Sie nicht mit einem eifrigen Konter auf Monologe Ihres Kunden. Lassen Sie den Kunden stets ausreden. Irgendwann geht Ihrem Verhandlungspartner einfach die Luft aus. In diesem Moment können Sie dann die von mir verfassten Verhandlungstechniken, die in den folgenden Kapiteln beispielhaft aufgeführt werden, intelligent einsetzen.

Vorsicht vor dem Schubladendenken – die Persönlichkeit des Kunden Sie bemerken, wie wichtig der sorgsame Umgang mit Ihrer eigenen Persönlichkeit ist. Doch beobachten Sie auch immer die Persönlichkeit Ihres Verhandlungspartners eine Weile. Oft läuft man zu leicht Gefahr, alle Kunden unter dem Deckmantel der eigenen Erfahrung gleich zu behandeln und sie in Schubladen zu stecken. Besonders in der Begrüßungsphase sollten Sie sich Zeit nehmen, die Persönlichkeit Ihres Verhandlungspartners kennenzulernen und – meines Erachtens noch wichtiger – sie gebührend zu würdigen. Dies kann zum Beispiel durch gezieltes Erfragen der Kaufmotive des Kunden oder seiner besonderen Wünsche im Hinblick auf die Eigenschaften eines Produktes geschehen. Es ist für Sie äußerst wichtig zu wissen, wie Ihr Gegenüber tickt. Denn nur über die Erkenntnis der Persönlichkeitsstruktur werden Sie es schaffen, die Kauf- und Verhandlungsgewohnheiten Ihres Kunden zu entdecken. Es geht hierbei darum, unter der detaillierten Würdigung aller relevanten Persönlichkeitsmerkmale erfolgreich das richtige Produkt oder die richtige Dienstleistung zum richtigen Preis zu vermitteln. Dies erreichen Sie nur, indem Sie mit Ihrem Kunden auf einer gemeinsamen Ebene kommunizieren. Das Verkaufen wird dann nur noch zur Nebensache. Daher vergegenwärtigen Sie sich, dass das Verhandeln um den Preis eines Produktes auch immer ein Verhandeln um die zukünftigen Geschäftsbeziehungen ist. Ohne Persönlichkeit und die dazu gehörige Portion Offenheit und Fairness wird es immer ein schwieriges Unterfangen sein, Ihre Kompetenz den Verhandlungspartnern überzeugend zu vermitteln.

3.3 Ihre Firmen- und Unternehmenskultur

Die Entdeckungsreise in Sachen Kompetenz endet aber nicht bei den Persönlichkeitsstrukturen. Vielmehr ist hier die eigene Darstellung der Firmen- und Unternehmenskultur von entscheidender Bedeutung. Was glauben Sie, wie hat Ihr Kunde Sie entdeckt? Über Schulfreundschaften, Studienkollegen oder alte Bekannte? Mag sein, aber die Möglichkeiten des Netzwerkens sind doch zu begrenzt, um dauerhaft einen Kundenstamm aufzubauen. Erst wenn Sie es schaffen, den Kunden durch die Darstellung einer überzeugenden Firmen- und Unternehmenskultur dauerhaft zu binden, haben Sie Ihre Kompetenz erfolgreich unterstrichen.

Die Reputation Ihres Unternehmens
Üblicherweise kommt der Kunde über die Reputation eines Produktes oder einer Dienstleistung und damit über das Image des Unternehmens selbst zu Ihnen. Aus diesem Grunde ist die eigene, gelebte Firmen- und Unternehmenskultur von erheblicher Bedeutung in der Welt des Verkaufs. Diese Firmenkultur ist ein handlungsprägender Rahmen, sowohl für Sie in Ihrer Wirkungsstätte des Unternehmens, wie aber auch für Ihre Verhandlungspartner. Werteordnungen, Denkweisen, Umgangsformen und auch die Unternehmenstradition geben den Rahmen für Ihre Firmenkultur vor. Sie wird insofern auch durch von Ihnen selbst gelebte Werte dem Kunden nahegebracht. Beispiele sind hier das Prinzip der Gastfreundlichkeit oder auch das „Warming Up", d. h.: Bereits bei der Begrüßung soll dem Kunden, wie bereits ausgeführt, eine Wohlfühlatmosphäre vermittelt werden. Mantel und Schirm sollte man dem Kunden, wenn er es wünscht, abnehmen, für Sitzgelegenheit und Getränke muss gesorgt sein, so entsteht eine Atmosphäre der Gemütlichkeit gepaart mit Gelassenheit. Und noch wichtiger: Diese Atmosphäre muss von Ihnen authentisch und überzeugend gegenüber dem Kunden vermittelt werden. Der Kunde sollte fortwährend das Gefühl haben, dass er in einem harmonischen Umfeld einen besonderen Kauf tätigt. Denn alles, was der Verhandlungspartner als störend empfindet, wirkt sich belastend auf das Verhandlungsgespräch aus.

▶ **Mein Tipp für Sie** Der Verhandlungsort ist die Visitenkarte des Unternehmens. Trotzdem sollte stets eine Trennung zwischen Umgebung und Angebot bestehen. Liefern Sie Sonnencreme, aber setzen Sie den Kunden nicht sofort der Sonne aus.

3.4 Gemeinsamkeitsstrukturen zwischen Ihnen und dem Kunden

Gemeinsam geht es besser, und erfolgreiche Verhandlungsstrategen kennen diese Gemeinsamkeitsstrukturen und nutzen sie als Mittel, um dem Kunden zu signalisieren, dass er von Ihnen verstanden und respektiert wird. Geben Sie Ihrem Verhandlungspartner immer die Gelegenheit, sich in Ihre Ideenentwicklung mit einzubringen. Der Kunde sollte niemals den Eindruck gewinnen, dass er Ihnen gegenüber machtlos ist. Statten Sie den Kunden ruhig mit Machtbefugnissen aus, indem Sie ihm das Gefühl vermitteln, dass er den Wert des Produktes mitbestimmen darf, indem er Ihnen seine konkreten Vorstellungen über die Beschaffenheit seines Wunschproduktes vermittelt. Dies wird ihm Freude bereiten, und es führt darüber hinaus zu erfolgreichen, sinnstiftenden Verhandlungen, wenn Kreativität von beiden Verhandlungspartnern gemeinsam entwickelt wird. Doch achten Sie stets darauf, wer wen während des Gesprächs beeinflusst und zu wessen Vor- oder Nachteil dies geschieht. Bleiben Sie wachsam. Kreieren Sie Entwicklungspotenziale, mit denen Sie tatsächlich die Vorteile eines Produktes besser darstellen und die eventuellen Nachteile minimieren können. Selbst wenn es vordergründig anders erscheint –sie sollten die Verhandlungen führen und das Ruder der Gesprächsführung niemals aus der Hand geben, denn ohne die permanente Analyse des Gesprächsverlaufs sind Verhandlungskorrekturen kaum möglich. Die Ermittlung von Gemeinsamem und Gegensätzlichem im Verhandlungsgespräch ist Basis für jeden Verhandlungserfolg. Jede gewonnene Information sollte nicht ohne Ihre eigene exakte Analyse mit den von Ihnen entwickelten Bewertungskriterien zur Veränderung des Angebotes führen.

3.5 Willkommen in der Welt der Preisbildung

In gewöhnlichen Preisverhandlungen wird im Regelfall davon ausgegangen, dass ein Produkt eben immer nur ein Produkt ist, nüchtern betrachtet wird es damit für jeden anderen Verhandlungspartner, sprich Mitbewerber, als gleich an Wert zu evaluieren sein. Produkte sind also austauschbar. Grundsätzlich gilt diese Maxime auch im Geschäftsleben. Dennoch können einem Kauf in der Ausgangssituation unterschiedliche Kaufargumente zu Grunde liegen, die man als Verkäufer gekonnt nutzen kann.

Die Bedeutung der wertbildenden Eigenschaften eines Produktes
Betrachten wir doch zunächst die Verhandlungsmasse eines Produktes, insbesondere die Eigenschaften eines Produktes. Nehmen wir als Beispiel das Produkt „Kuh".
 Wie, werden Sie sich wahrscheinlich nun fragen, ein Kuhhandel? Ob lebende Kuh, schnelles Auto oder Designer-Möbelstück, das ist an dieser Stelle gar nicht von entscheidender Bedeutung. Denn hier kommt es lediglich darauf an, das Bewusstsein um die Verhandlungsmasse und deren wertbildenden Eigenschaften zu schärfen, diese Eigenschaften zu erkennen und letztendlich seinem Kunden die Bedeutung der Eigenschaften auch zu vermitteln. Die Verhandlungsmasse sind nicht nur die Produkteigen-

Abb. 3.3 Gleichgewicht von Nutzen und Wert. (eigene Darstellung)

schaften selbst, sondern auch der Bedarf oder Nutzen, den der potentielle Käufer damit assoziiert. Zusammengenommen bilden diese Faktoren folglich die Verhandlungsmasse eines Produktes. Bitte beachten Sie: Letztendlich liegt es an Ihrem Verhandlungsgeschick, die Verhandlungsmasse zu bestimmen, denn den Wert des Produktes gewinnt der Käufer nicht nur aus der Angabe eines Preises oder eines gewährten Rabattes. Ihre Aufgabe im Rahmen der Verhandlungstechnik besteht eben darin, die Preis-Leistungsbilanz ausgeglichen zu halten, so dass Sie bei dem Verkauf des Produktes keine Verluste hinnehmen müssen (s. Abb. 3.3). Wie Sie dabei vorgehen sollten, erläutere ich Ihnen im Folgenden.

▶ **Mein Tipp für Sie** Welchen Wert verknüpft der Käufer mit dem Produkt? Was ist dem Kunden wichtig?

Die wichtigste Information, die Sie aus einer Preisverhandlung gewinnen sollten, ist der Wert, den der Käufer aus diesem Produkt herleitet oder gewinnt.

▶ **Mein Tipp für Sie** Nie mehr bloß um den Preis verhandeln, sondern um den Wert bzw. das Wertegefühl.

Je höher der Wert ist, den der Kunde mit dem Produkt verknüpft, umso höher und stabiler wird der Preis, den Sie für das Produkt fordern können.

Das Wertgefühl wird im Gegensatz zum Preis nur selten diskutiert oder verhandelt! Hierbei ist eben die Professionalität, mit der Sie dem Kunden ein Produkt oder eine Dienstleistung anbieten, entscheidend. Auch innerhalb der Verhandlungsmasse sollten Sie beachten, dass jede einzelne Kategorie wie beispielsweise das Produkt, die Eigenschaften, die Funktionen, der Bedarf und der Nutzen sowie das Prestige oder Image auch einzeln für sich eine emotionale Manipulationszone bilden können, die Sie gewinnbringend für Ihre Verhandlung nutzen sollten (vgl. Abb. 3.4). Je optimaler jeder Faktor sachlich wie auch emotional vom Verkäufer dem Kunden gegenüber dargestellt wird, umso geringer wird die Preisdifferenz zwischen dem angebotenen und dem nachgefragten Preis sein.

3.5 Willkommen in der Welt der Preisbildung

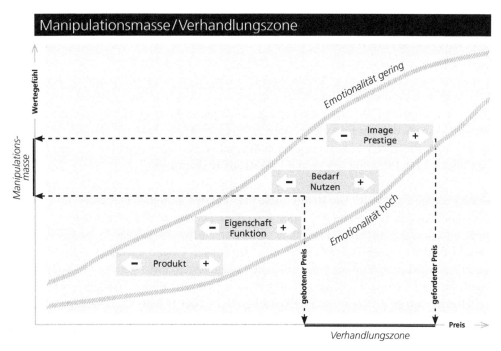

Abb. 3.4 Manipulationsmasse/Verhandlungszone. (eigene Darstellung)

> **Mein Tipp für Sie** Erweitern Sie daher immer das Produkt um die wichtigen, das Wertgefühl erhöhenden Faktoren, wie die zuvor erwähnten Eigenschaften Nutzen, Gebrauch sowie um das für viele auch bedeutsame Image oder Prestige. Ein vermeintlich schwaches Produkt mit scheinbar wenigen brauchbaren Eigenschaften kann für den Verhandlungspartner bei geschickter Präsentation dieser Werte durchaus lukrativ sein.

Es wird auch nicht jedes Auto mit Vollausstattung verkauft! Und das mag seine ganz speziellen Gründe haben, die Sie Ihrem Kunden nur schmackhaft machen müssen.

Der Nutzen hinter dem möglichen Nutzen eines Produktes
Doch sind alle möglichen Nutzungsanwendungen für den Erwerber auch tatsächlich von Nutzen? Kennen Sie alle Möglichkeiten und Programme Ihres Computers? Mancher Schalter an einer Stereoanlage ist noch nie benutzt worden, aus welchem Grund auch immer, nicht vertraut, nicht gewollt oder nicht bekannt? Selbst der Schalter zum Öffnen des Kofferraums unter dem Armaturenbrett im Auto meines Freundes ist diesem vier Jahre lang verborgen geblieben. Mein Freund hatte hierfür zwar gezahlt, nicht aber um dessen Nutzen gewusst. Der Nutzen war für ihn im Nachhinein auch von großer Bedeutung. Über die späte Information hat er sich dann sehr gefreut und gleichzeitig seinen Verkäufer verflucht, weil dieser es beim Kauf unterlassen hatte, auf diesen erheblichen Vorteil der Bequemlichkeit und Funktionalität hinzuweisen.

▶ **Mein Tipp für Sie** Sie sollten den Bedarf eines jeden Kunden sorgfältig und gewissenhaft erforschen.

Zur Erinnerung: Es war dem Kunden wichtig, diese Informationen zu erhalten. Hätte der Verkäufer sich bemüht, den Bedarf des Kunden zu entdecken, nämlich den Wunsch nach mehr Bequemlichkeit bei der Handhabung des Wagens, hätte er alle nützlichen Dinge, die zum Thema Bequemlichkeit gehören, mit in die Waagschale für Nutzen oder Wert eingebracht. Ein dem Verkäufer bekannter Wunsch des Kunden nach Nutzen und Bedarf ermöglicht es, das Produkt besser in die Wertebilanz einzufügen.

Doch beachten Sie bitte: Die Bedürfnisse der Kunden sind unterschiedlich
Die funktionellen Eigenschaften eines Produktes können hierbei die Haltbarkeit, Zuverlässigkeit oder kostbare Materialien sein. Der Nutzen ist jedoch für jeden Kunden verschieden. Für einen Cabrio-Fahrer mag der Nutzen einer Lederausstattung ein notwendiges Muss sein. Für den preisbewussten Kleinwagenfahrer stellt er hingegen nicht zwingend eine bessere Eigenschaft dar. Ebenso ist es dem Kleinwagenfahrer wohl eher gleichgültig, ob sein Wagen über Automatikgetriebe oder Schiebedach verfügt, wenn es für ihn primär darauf ankommt, dass das Fahrzeug Personen sicher von einem Ort zum nächsten befördern kann.

Nach den expressiven, emotionalen Eigenschaften suchen
Die funktionalen Produkteigenschaften sind oft umfangreich in der Produktbeschreibung einer Ware enthalten, die mit expressivem/emotionalem Charakter eher weniger. Genau da liegt jedoch Ihre gute Chance bei der Preisverhandlung, nämlich das Aufzeigen von emotionalen Werten und gegebenenfalls emotionalen Mehrwerten für den Kunden, denn emotionale Botschaften speichert er weitaus besser und länger als rein technische oder funktionale Merkmale.

Eine Herausforderung für Sie: Die Umwandlung technischer Eigenschaften in emotional behaftete Merkmale
Somit stellt sich für Sie die entscheidende Frage, wie die rein technischen Produkteigenschaften in emotional behaftete Produktvorteile umgewandelt werden können. Die einfachste Art ist es, sie auf die funktionalen Vorteile umzuleiten. Hier einige Beispiele zur Veranschaulichung:

- Nebelscheinwerfer = sichere Fahrt, bessere Sicht
- ABS Bremsen = sicheres und kürzeres Bremsen
- Schrankinnenbeleuchtung = bequemes Auffinden auch bei schlechten Lichtverhältnissen
- Entspiegelte Brillengläser = blendfreier Durchblick.

3.5 Willkommen in der Welt der Preisbildung

Abb. 3.5 Preisliste BMW. (eigene Darstellung/Bild: Oktober Kommunikationsdesign GmbH; Preise BMW 2014: http://www.bmw.de/vc/ncc/xhtml/start/startWithConfigUrl.faces;jsessionid=25dddf12829c794dd2b4e99c1a94.1?country=DE&market=DE&productType=1&brand=BM&locale=de_DE&name=y4k0c9r7#RIMS, Stand November 2014)

Preisliste BMW	
BMW 1	
Grundpreis	23.850,00 €
Sportline	1900,00 €
Leder	1590,00 €
Metalliclack	660,00 €
Alufelgen	500,00 €
Comfortpaket	890,00 €
Multifunktionslenkrad	180,00 €
Parkdistance	750,00 €
Gesamtpreis	**30.320,00 €**

Exkurs: Die Welt der Preistechniken – Wie bildet sich der Wert einer Ware?
Ein Autoverkäufer hat die Möglichkeit, die preislichen Obergrenzen seiner Kunden durch Zusatzausstattungen zu regulieren oder eben diese durch Mehrausstattung nach oben oder durch Reduktion nach unten zu bewegen. Hat der Kunde ein festes Budget, wird nicht nur über den Preis, sondern auch über die Zusatzausstattung eines Fahrzeuges verhandelt. Im Regelfall wissen Sie aus eigener Erfahrung, dass im Automobilkauf eine Preisliste zu Grunde liegt, mit der man sich sein Auto individuell zusammenstellen kann.

In Abb. 3.5 sehen Sie exemplarisch die Preisliste eines Neufahrzeugs.

Beträgt die monetäre Obergrenze des Kunden nur 28.000 €, kann durchaus das Sportline-Paket gestrichen oder ein Rabatt gewährt werden. Denkbar ist auch eine Mischung aus geringerer Ausstattung und Preisnachlass. Der geschickte Autoverkäufer wird natürlich darauf achten möglichst viel Zusatzausstattung zu verkaufen. Der Grundpreis ist oftmals nur mit einer geringen Kalkulation versehen. Geschickter Weise schenkt der Verkäufer dem Kunden das Sportline-Paket. In der Tat wird jedoch nur der Beschaffungswert (Einkaufspreis) verschenkt, nicht der Listenpreisverkaufswert, den der Kunde in seiner Vorteils-Bilanz kalkuliert. Keinen Rabatt vergeben, lieber das margenträchtige Zusatzteil verschenken. Könnte dies eine bessere Verhandlungslösung sein?

Doch zunächst zurück zur Kuh. Was kann bei einer Kuh an Ausstattung anfallen? Wie verkauft eigentlich ein Landwirt seine Kuh? Welche Verhandlungspositionen bestimmen den Preis einer Kuh? Welche sind wichtig, welche weniger bedeutend?

Stellen wir uns die fiktive Preisliste einer Kuh (s. Abb. 3.6) im Vergleich zur Autopreisliste vor. Das Schmunzeln in Ihrem Gesicht kann ich verstehen, das Kopfschütteln ebenso.

Abb. 3.6 Fiktive Preisliste einer Kuh. (eigene Darstellung; Bild: Oktober Kommunikationsdesign GmbH)

Fiktive Preisliste einer Kuh	
Kuh	
Grundpreis	**3000,00 €**
Zweifarbig	500,00 €
Leder	1350,00 €
Produktspeicher	250,00 €
Zapfhähne 4 St.	400,00 €
Hörner 2. St.	100,00 €
Fliegenwedel	350,00 €
Düngevorrichtung	400,00 €
Gesamtpreis	**5.950,00 €**

Der Wert einer Rolls-Royce-Kuh – Leder vom Feinsten
Aber gerade bei der Kuh bin ich selbst gedanklich ins Stolpern gekommen, als ein guter Freund, Michael Gleissner, Chefverkäufer bei Rolls-Royce, den Studenten anlässlich einer Vorlesung in der Ruhr-Universität Bochum seine Ansichten über das Thema Marketing für Luxusgüter erklärte. Hierbei ist anzumerken: Rolls-Royce verwendet für die Innenausstattung seiner Fahrzeuge nur das feinste Leder. Es ist ebenso makellos. Dieses Leder kommt bekanntlich von der Kuh. Die Frage nach dem Wert einer Kuh ist für Rolls-Royce nicht einfach der Wert des Gewichtes einer Kuh für die Fleischproduktion oder der Wert der Literleistung einer Kuh für die Milchproduktion.

Für Rolls-Royce steht unabdingbar die Unversehrtheit der Haut, des späteren Leders für die Fahrzeugausstattung, im Vordergrund. Es darf keine Verletzung des Leders, etwa durch Stacheldrahtzäune, mit denen Kuhweiden üblicherweise eingezäunt werden, vorhanden sein. Ein Landwirt aus dem Allgäu hatte dieses Prinzip verstanden und züchtet seine gesunden Rolls-Royce-Kühe daher auf nicht von Stacheldraht eingezäunten Weiden. Die Fleisch- oder Milchproduktion der Kühe steht für ihn nicht mehr im Fokus seiner Viehzucht, sie ist allenfalls sekundärer Natur. Der Lohn dieser Spezialisierung: Niemand außer Rolls-Royce vermag diese makellose Lederqualität zu liefern. Damit erlangt die Rolls-Royce-Kuh auch in ein Preis-Premium, das jenseits des Wertes von Fleisch- und Milchkühen liegt.

Sie erkennen nun anhand der folgend erweiterten Preisliste/Verhandlungsmasse die neue Verhandlungsposition „Unversehrte Haut". In diesem Beispiel zu einem fiktiven Preis erweitert und als weitere Zusatzausstattung in der Preisauflistung dargestellt (Abb. 3.7).

Abb. 3.7 Fiktive Preisliste einer Rolls-Royce-Kuh. (eigene Darstellung; Bild: Oktober Kommunikationsdesign GmbH)

Fiktive Preisliste einer Rolls Royce Kuh	
Rolls Royce Kuh	
Grundpreis	**3.000,00 €**
Zweifarbig	500,00 €
Leder	1.350,00 €
Produktspeicher	250,00 €
Zapfhähne	400,00 €
Hörner 2. St.	100,00 €
Fliegenwedel	350,00 €
Düngevorrichtung	400,00 €
Unversehrte Haut	2.300,00 €
Gesamtpreis	**8.250,00 €**

3.6 Die Welt der Verhandlungstechniken – Der Ton macht die Musik

Zunächst möchte ich Ihnen Grundsätzliches zum Thema Verhandlungstechniken nahebringen.

Sie sind bei Preisverhandlungen ein Naturtalent? Prima! Naturtalente werden geboren, aber manche Fähigkeiten müssen erlernt und permanent trainiert werden um sie zu stärken und auszubauen. Zu diesem Training will dieses Buch ebenso einladen.

Dieses Buch soll Ihnen wie ein gutes Rezeptbuch dazu dienen, bei Preisverhandlungen sicherer zu werden. Gutes Rezept = feinster Genuss. Oder – der Ton macht die Musik, gerade in der Welt der Verhandlungstechniken. Das Wissen um die strategische Verhandlungstechnik sind die Noten und die Instrumente – Grundvoraussetzung für gute Musik. Die Anwendung der perfekten Verhandlungstechniken bei echten Profis im Verkauf ist gleichzusetzen mit gut eingespielten Musikern. Zusammen mit ihren Instrumenten bilden sie ein Orchester. Sobald Sie und alle Verkäufer in Ihrem Geschäft eine Vielzahl von Verhandlungstechniken sicher beherrschen, können Sie, bildhaft ausgedrückt, ein harmonierendes Orchester gründen und dadurch viele Menschen mit Ihrer Musik beglücken (Abb. 3.8).

Werden Sie also zum Profi und Dirigenten Ihrer zukünftigen Verhandlungen!
Das Zusammenspiel der Vielzahl von Verhandlungsstrategien ist rein nüchtern betrachtet eine rationale Leistung. Doch das allein reicht in der Welt der vielfältigen und facettenreichen Verhandlungsebenen und -beziehungen nicht mehr aus. Die Emotionalität ist in der Verhandlungstechnik unerlässlich. Bei der Kaufentscheidung sind nicht nur der Preis

Abb. 3.8 Emotionaler/Leistungsbezogener Preiszuwachs. (eigene Darstellung)

IV. Die 24 Tipps für Sie	
1	Nutzen Sie die hier vorgestellten Strategien so oft, wie es Ihnen in Ihrer täglichen Praxis möglich ist.
2	Achten Sie daher auf jegliche nonverbalen Signale des Kunden und halten Sie während des Gesprächs stets Blickkontakt mit dem Kunden.
3	Bitte keine Monologe führen.
4	Der Verhandlungsort ist die Visitenkarte des Unternehmens.
5	Welchen Wert verknüpft der Käufer mit dem Produkt? Was ist dem Kunden wichtig?
6	Nie mehr bloß um den Preis verhandeln, sondern um den Wert bzw. das Wertegefühl.
7	Erweitern Sie daher immer das Produkt um die wichtigen, das Wertegefühl erhöhenden Faktoren, wie die zuvor erwähnten Eigenschaften, Nutzen, Gebrauch, sowie um das für viele auch bedeutsame Image oder Prestige. Ein vermeintlich schwaches Produkt mit scheinbar wenigen brauchbaren Eigenschaften kann für den Verhandlungspartner bei geschickter Präsentation dieser Werte durchaus lukrativ sein.
8	Sie sollten den Bedarf eines jeden Kunden sorgfältig und gewissenhaft erforschen.
9	Vergleichen Sie doch mal beide Varianten mit den Produkten, die Sie täglich verkaufen.
10	„Danke lieber Kunde für Ihre Frage nach einem Preisnachlass. Das habe ich von Ihnen erwartet. Sie sind mir zuvor gekommen, daher für Sie vorab noch ein Hinweis zur Technik, Modell, Nutzen, Vorteilen … et cetera …"
11	Beugen Sie dem Beratungs- und Leistungsdiebstahl vor. Beratungs- und Leistungsdiebstahl bedeutet: Der Kunde beschafft sich alle relevanten Informationen bei Ihnen im Einzelhandel, kauft jedoch letztlich sein Produkt im Internet.
12	Als stationärer Händler weisen Sie den Kunden ausführlich auf die Gefahren des Internetkaufs hin!
13	Vermitteln Sie Ihrem Kunden gerade bei Angeboten aus dem Internet, diese detailliert und unter die Lupe zu nehmen. Was steckt wirklich hinter diesen Konditionen, die oftmals nur ein Preisangebot beinhalten?
14	Nicht sofort mit einem Gegenangebot reagieren.
15	Überhören Sie die Frage schlichtweg und klären Sie den Kunden über die Vorteile seines Kaufes auf.
16	Als Verkäufer setzen Sie mit Ihrer Beratungskompetenz die Standards für zukünftige Kunden.
17	Wer die Frage des Kunden nach Rabatt ernst nimmt und souverän darauf reagiert, wird feststellen, dass Kunden den Argumenten des Verkäufers meist aufgeschlossen gegenüberstehen.
18	Bitte keine generelle Bereitschaft zur Rabattgewährung signalisieren.
19	Den Kunden bitte niemals als Lügner oder Unwissenden bloßstellen.
20	Nehmen Sie die Worte des Kunden in solchen Situationen auf, wenn er vom kolossalen Preis spricht, und sprechen Sie von kolossalem Wert bei marginalem Preis.
21	Statt einem strikten „Nein" sollten Sie daher lieber fragen:
22	„Warum gerade 20 Prozent, lieber Kunde?"
23	„Bei dem Erwerb dieses Produktes sparen Sie 70,00 €."
24	Die indirekte Gegenleistungsforderung, den Kunden zu einem Kauf der Ware zu veranlassen, darf nicht zu offensiv und mit zu viel Druck auf den Kunden verbunden sein, da auf diese Weise die Geschäftsbeziehung zum Kunden womöglich dauerhaft beschädigt werden kann.

(Ratio) des Produktes, sondern vielmehr auch die Emotionen (Emotio) der Verhandlungspartner die ausschlaggebenden Faktoren für erfolgreiche oder erfolglose Geschäfte.

Wie Sie dem Rabattanliegen des Kunden auf einfache Art begegnen können

▶ **Mein Tipp für Sie** „Danke lieber Kunde für Ihre Frage nach einem Preisnachlass. Das habe ich von Ihnen erwartet. Sie sind mir zuvor gekommen, daher für Sie vorab noch ein Hinweis zur Technik, Modell, Nutzen, Vorteilen … etc."

Mit diesem oder einem ähnlichen Satz hat Ihr Verhandlungspartner wahrscheinlich nicht gerechnet. Ausgerechnet Sie als Verkäufer freuen sich über die Aktion, mit der Sie Ihr Verhandlungspartner eigentlich in die Ecke treiben wollte. Ihr Hinweis zu Mechanik/Technik/Modell der Ware lässt Sie erst einmal in aller Seelenruhe durchatmen und lenkt Ihren Verhandlungspartner vom eigentlichen Preisgespräch ab. 1:0 für Sie!

Die Motivation des Kunden erforschen
Kenne ich als Verkäufer die Beweggründe meines Verhandlungspartners, kenne ich somit auch zeitgleich meine anzuwendenden Strategien zur Vermeidung von zu hohen und unangebrachten Rabattforderungen.

▶ Die Rolls-Royce-Kuh sollten Sie stets im Hinterkopf behalten.

Auf den Vergleich kommt es an. Nicht immer ist das gleiche Produkt auch die gleiche Leistung. Erinnern Sie sich stets an die Rolls-Royce-Kuh. Service, Zusatzausstattungen und Leistungen lassen Angebotspreise auseinanderdriften. Lernen Sie die konsequente Aufspaltung von dann eigentlich nicht mehr miteinander vergleichbaren Leistungen zur Bildung eines Angebotes, das dann für den Kunden nicht mehr vergleichbar ist. Der Dschungel der unterschiedlichen Handytarife macht es dem Endverbraucher schon fast unmöglich, Preise zwischen den verschiedenen Anbietern zu vergleichen. Die Individualisierung von Preisangeboten erschwert die Vergleichbarkeit für den Verhandlungspartner.

Über den Preis allein werden Sie nicht mehr verhandeln. Da bin ich mir ganz sicher. Verhandeln werden Sie zukünftig grundsätzlich über die **Werte** von Waren und Dienstleistungen.

Der Einstieg in Verhandlungstechniken erfordert Kenntnisse über die historischen Entwicklungen, die unterschiedlichsten Verhandlungskulturen und den Praxisalltag der Verhandlungstechniken. Ohne fundierte Grundlagen kein Wissen über:

- Preisgestaltung und Rabattentwicklung
- Wie „tickt" mein Gegenüber?
- Warum die Frage nach Rabatt?

Diese Aspekte werden auf den folgenden Seiten für Sie näher erläutert, damit Sie so alles Wissenswerte für die Bildung Ihrer zukünftigen Verhandlungsstrategien erfahren.

Rabatte 4

Um in das Thema Rabatte wissenschaftlich einzusteigen, ist es interessant sich anzuschauen, was Preisnachlässe im Grunde eigentlich sind. Das Gabler Wirtschaftslexikon, das 1956 erstmals erschienen ist, gibt dazu folgende Definition:

▶ **Preisnachlass** Preisnachlass für Waren und Leistungen, der angewendet wird, wenn ein formell einheitlicher Angebotspreis gegenüber verschiedenen Abnehmern, unter verschiedenen Umständen oder zu verschiedenen Zeiten differenziert werden soll. Rabatt als absoluter Betrag oder in einem Prozentsatz des Angebotspreises. Kein Rabatt sollte ohne Grund gegeben werden. Neben hohen Einkaufsmengen kann z. B. auch die Übernahme der Lagerhaltungsfunktion ein solcher Grund sein. (Gabler Wirtschaftslexikon, http://wirtschaftslexikon.gabler.de/Definition/rabatt.html. Zugegriffen: 10. Oktober2014)

Im Laufe der Zeit hat sich eine Vielzahl von Rabattbegriffen entwickelt. Die Lebensmittelbranche beispielsweise kennt bis zu fünfzig verschiedene Arten oder Zusatzbezeichnungen für Rabatte. Hierbei handelt es sich jedoch um die vom Hersteller an die Händler gewährten Rabatte und diese sind in diesem Fall nicht von hoher Relevanz. Aber allein schon die große Auswahl der Begriffe ist erstaunlich.

Der Mitarbeiter im Verkauf, unabhängig ob Auto-, Uhren- & Schmuck- oder Möbelbranche, kennt oftmals nur einen Rabatt, den …

ZU-WENIG-RABATT

… aus der Sicht des Kunden.

4.1 Die Ursachen für Rabattbildung – Ursachen für das heutige Rabattwesen sind vielfältig

Fraglich ist an dieser Stelle, wo die möglichen Ursachen für das stetig an Bedeutung gewinnende Rabattwesen liegen. Der Ursprung des Rabattwesens ist meines Erachtens weniger auf der Konsumenten- als vielmehr auf der Verkäufer-, Mitbewerber- und Herstellerseite zu suchen. Der Rabatt ist inzwischen ein typischer Baustein des Marketings („Geiz ist geil!") geworden. Im Falle der Gewährung zu hoher Rabatte oder des Nichtkaufes bei zu geringen Preisnachlässen liegt aus Sicht der Unternehmensleitung die Verantwortung hierfür in der Regel häufig auf Seiten des Verkäufers, da dieser nach Ansicht vieler Geschäftsführer derjenige ist, der den Direktkontakt zum Kunden hatte und somit den Dialog mit dem Kunden maßgeblich hätte erfolgreich steuern können.

Doch ist dies zwangsläufig der Fall? Vorläufig gilt es, Folgendes festzuhalten:

▶ ES GIBT KEINEN SCHULDIGEN IM EIGENTLICHEN SINNE!

Eine Vielzahl an Ursachen tragen zudem zu den stetig wachsenden Kundenwünschen nach Rabatten bei. Der implizierte Gedanke nach Preisnachlass in der Vorstellung des Kunden ist heutzutage ein nahezu unvermeidbarer Trend, der sich durch so gut wie jede Handelsbranche zieht.

Die Werbung als eine Ursache für die heutige Rabattpraxis
In Zeiten von aussagekräftigen, aggressiven Werbetrailern wie etwa „Dicke Prozente", wird derjenige als der Dumme dargestellt, der nicht mit Rabatthintergrund einkauft und den vorgegebenen Preis des Händlers ohne Verhandlung annimmt und akzeptiert.

Exemplarisch hierfür ist die ehemalige Werbestrategie der Firma Apollo Optik:

▶ Für jedes Jahr Ihres Alters 1 % Rabatt

Weitergedacht würde dies für die Praxis bedeuten, dass derjenige, der hundert Jahre alt wird, seine Brille geschenkt bekäme. Da allerdings erfahrungsgemäß kein Unternehmen etwas verschenken kann, subventionieren die Kunden, die mit fünfzig Jahren 50 % Rabatt bekommen, trotzdem den Hundertjährigen, der die Brille geschenkt bekäme. Fraglich ist an dieser Stelle, wie viel „Zuviel" erst der 25-Jährige zahlt? Praxisbezogen hieße dies für jeden Konsumenten, dass, wer als Kunde nicht nach Rabatt fragt, den Preisnachlass anderer Käufer subventioniert und so gesehen tatsächlich scheinbar der Dumme ist. In erster Linie ist also die Werbung als primärer Faktor mit verantwortlich für die stetig steigenden Rabattansprüche der Kunden.

Der Druck der Hersteller auf den Handel bei Neukollektionen
Ein weiterer Faktor sind die Markenhersteller selbst, die beispielsweise bei Ankündigung einer Neukollektion Druck auf den Handel ausüben und auf Abverkauf von alten Kol-

lektionen drängen. Doch auch die Herstellerseite gilt es differenziert zu betrachten. Es gibt Hersteller, die durchaus rabattfreudig sind und Preisnachlässe bereitwillig tolerieren, jedoch auch andere, bei denen es nicht gern gesehen wird, wenn ihre Produkte unter dem dafür vorgesehenen Preis verkauft werden. Aufgrund mangelnder Möglichkeiten bei der Preisüberwachung schaffen es viele dieser Hersteller trotzdem nicht, das Rabattverhalten der Verkäufer in den Griff zu bekommen.

Schaut man sich zu dieser Thematik die Automobilbranche an, lässt sich nachweislich feststellen, dass

- Straffere Verkaufspunkte (weniger aber strategisch optimierte Anbieter),
- Werksniederlassungen,
- Mysterious Shopping (Qualitäts- und Preiskontrolle)

zur positiven Veränderung der Branche, bezogen auf das Rabattverhalten, geführt haben. Interessenten eines Mercedes-PKW bleiben als Rabattverhandler relativ erfolglos. Anders hingegen bei einem Mercedes-LKW. Die vornehmlich gewerblichen Kunden, wie etwa Spediteure, Unternehmer oder Reiseveranstalter etc. sehen Rabatte nach wie vor als absolut üblich an. Mercedes steht dort zwar genauso in Konkurrenz zu anderen LKW- und Busmarken wie im PKW-Bereich, jedoch gerade hinsichtlich so genannter „gewerblicher Kaufverträge", sprich dem LKW-Verkauf, gehören Preisnachlässe seit langer Zeit ungeschrieben zum regulären Verkauf. In diesem Bereich werden dem Kunden beispielsweise folgende Angebote von Preisnachlässen unterbreitet:

- Modellwechselrabatt
- Einführungsrabatt
- Flottenrabatt
- etc. ...

Bei einigen Automobilherstellern – vornehmlich bei den „Underdogs" der Branche – ist das Rabattspektrum, in dem die Händler ihre Automobile verkaufen, sehr weit. Rabatte dünnen hier den Wettbewerb aus und verringern Vertriebspunkte. Einige Hersteller überwachen den Preis und das Rabattverhalten ihrer Händler, was in einigen Branchen wegen der Gewährung zu hoher Rabatte zu generellen Margenkürzungen geführt hat.

Die zunehmende „Preis-egal-Mentalität" der Händler

Unabhängig davon zu welchen Mitteln ein Produkthersteller greift, ob Margenkürzung oder Reduzierung des Distributions- und Händlernetzes, eine Hauptursache für Rabatte bleibt das Verhalten der Händler selbst. Bei einigen Händlern hat sich ein Phänomen manifestiert, das man salopp als „Preis-egal-Mentalität" bezeichnen kann. Dieses Phänomen fußt zum Einen auf zu hohem Wettbewerbsdruck und zum Anderen auf mangelnder Beherrschung von Verhandlungstechniken innerhalb der Verkaufsinteraktion.

Das Ergebnis des sich in Europa zurzeit auch weiter entwickelnden Rabattmarktes ist der Wegfall der in Deutschland bis zum 31. Juli 2001 gültigen „Rabatt- und Zugabeverordnung". Im Zuge dieser Entwicklung hat der deutsche Gesetzgeber ein entscheidendes Stück zur Harmonisierung der Handels- und Verbraucherrechte innerhalb Europas beigetragen. Das Ergebnis der nahezu verschwundenen Regulierung sind nicht nur subjektiv steigende Rabattsätze, sondern auch die Bildung einer „Rabatt-Kauf-Kultur". Kunden werden durch Werbeimplikationen geradezu dazu aufgerufen, Rabatte einzufordern – der vom Händler vorgegebene Preis mutiert dabei zur reinen Orientierungshilfe.

Die Kenntnisse der Mitarbeiter im Verkauf hinsichtlich Verhandlungstechniken
Sowohl Inhaber als auch Geschäftsführer stehen den Rabattforderungen – strategisch oder willkürlich – ihrer Kunden oft genauso hilflos gegenüber wie ihre im Verkauf tätigen Mitarbeiter. Einzig und allein eine bessere Ausbildung der Mitarbeiter und das Training von Verkaufsverhandlungen, veranlasst durch eine gute Geschäftsleitung, kann hier zukünftig mehr Sicherheit bei der Preisverhandlung garantieren. Der richtige und angemessene Umgang mit dem Kunden ist heute wichtiger denn je. Bloße Fachkenntnis und Beratungskompetenz hinsichtlich der Eigenschaften des Produktes reichen schon lange nicht mehr aus.

Unternehmen und deren Mitarbeiter sollten ihr Händlerumfeld sehr sorgfältig beobachten. Darunter fällt unter anderem auch das Rabattverhalten der Mitbewerber. Da sich der potentielle Kunde ebenfalls in diesem Mitbewerberumfeld bewegt, muss sich jedes Unternehmen den Markt- und Mitbewerberbewegungen aktiv und den Umständen entsprechend anpassen, um so für den Konsumenten attraktiv zu bleiben. Nichtsdestotrotz: Alternativen zur Rabattgewährung sind möglich. Es ist von großer Bedeutung für ein Unternehmen zu erkennen, dass es Alternativen zur Rabattgewährung gibt. Diese werden im Verlauf dieses Buches vorgestellt.

4.2 Die Folgen zu hoher Rabatte für Sie und Ihr Unternehmen

Daneben ist es wichtig für Sie, im Zuge von Rabattansprüchen zu erkennen, welchen Schaden, sowohl Image- als auch Finanzschäden, Preisnachlässe in Unternehmen anrichten können.

Die Aufgabe des Preises eines Produktes zugunsten des Kunden bedeutet meist auch ein Wertverlust des Produktes.

> **Praxis-Tipp**
> Um sich dessen gewahr zu werden, sollten Sie folgende meiner Thesen beherzigen:
> - Wer den Preis seiner Marke aufgibt, gibt über kurz oder lang den Wert und folglich die Begehrtheit seiner Marke auf.
> - Wer als Händler den Preis für seine Waren aufgibt, gibt über kurz oder lang die Glaubwürdigkeit seiner Preise und somit auch die Rendite, letzten Endes sogar das Unternehmen selbst auf.

Empirische Feldstudie

#	Aussage	Anzahl Zustimmungen
1	Produkt ist mir Preis nicht wert	22
2	Handeln ist legitim	135
3	Ich feilsche gern um Preise	32
4	Verkäufer hat Rabatt einkalkuliert	80
5	Dem Einzelhandel geht's zu gut	74
6	Ich bezahle nicht die Qualität	51
7	Ich fühle mich über's Ohr gehauen	88
	Responserate	156

Abb. 4.1 Empirische Feldstudie (Darstellung aus einer empirischen Feldstudie für das Unternehmen Mauer)

Umfrage: Die Wahrnehmungen der Konsumenten zum Thema Rabatt im Jahre 2012
Um die zuvor genannten Phänomene zu verifizieren, habe ich im Jahre 2012 eine Umfrage durchgeführt, die untersuchte, welche Wahrnehmungen Konsumenten zum Thema Rabatte haben, bzw. aus welchem Grund sie diese einfordern und als immer wichtigeren Bestandteil eines Kaufes ansehen. Die empirische Erhebung war als einfache Umfrage aufgebaut, in der die Probanden verschiedene Aussagen mit „Ich stimme zu" oder „Ich stimme nicht zu", bewerten konnten. Insgesamt war es den einzelnen Probanden möglich, zwischen sieben verschiedenen Aussagen zu wählen, wobei Mehrfachantworten grundsätzlich erlaubt waren. Es wurden insgesamt 322 Fragebögen als Anhang in E-Mails verschickt, von denen 156 verwertbare Fragebögen zurückkamen. Die Rücklaufquote bzw. „Responserate" dieser Umfrage entspricht dementsprechend einem Anteil von 48,44 %.

Die Ausgangsfrage, die es zu beantworten galt, lautete: **„Warum fordern Sie Rabatte?"**. Abbildung 4.1 zeigt die Ergebnisse.

Diese Kurzumfrage stützt die soeben erläuterte These, dass dem Kunden über die Werbung impliziert wird, dass das Fragen nach Rabatten heute zum guten Ton gehört und derjenige, der die Rabattfrage versäume, seine Chance verpasst und unüberlegt gekauft hat. Die Aussage „Das Verhandeln gehört heute zum guten Ton und ist legitim" wurde von 86,54 % (135 Teilnehmer) der Probanden, die den Fragebogen ausgefüllt haben, mit „Ich stimme zu" beantwortet. Fazit: Das Fragen nach Rabatten wird mehr und mehr von den

Medien als Trend suggeriert und findet, wie die Kurzumfrage verdeutlicht, auch Anklang in den Köpfen der Konsumenten.

Eine ebenfalls hohe Zustimmungsquote erhielt die Aussage „Der Verkäufer hat einen möglichen Preisnachlass sowieso einkalkuliert". Dies, gepaart mit der zweithöchsten Zustimmungsrate für die Aussage „Ich fühle mich von der Preismaschinerie übers Ohr gehauen", lässt den Schluss zu, dass der Kunde das Gefühl hat, die Preise für das Produkt sind von vornherein zu hoch angesetzt. Rabatte sind demnach direkt in den Preis mit einkalkuliert worden, sodass sich der echte Preis erst nach einem gewährten Preisnachlass identifizieren lässt.

Resümee: Einfluss der Werbung auf Rabattverhalten der Konsumenten ist evident
Doch welches Resümee lässt sich aus diesen Einschätzungen der Probanden ziehen? Zum Einen, dass die Werbung, wie bereits angenommen, dem Konsumenten in immer stärker werdendem Maße eine „Geiz ist Geil"-Mentalität suggeriert. Sie stellt denjenigen als unbedacht und unökonomisch dar, der nicht nach Rabatten fragt. Erst durch die Werbung ist das Feilschen um Preise und der offensive Wunsch nach Preisnachlass nicht nur gesellschaftsfähig, sondern zu einer Art Trend geworden, der sich in den Köpfen der Menschen über die Zeit manifestiert hat.

Zum Anderen lässt sich konstatieren, dass der Kunde das Vertrauen in die Fairness des Verkäufers verloren hat und erst nach einem Preisnachlass das Gefühl eines fairen und angemessenen Preises bekommt. Dieses Hintergrundwissen kann sich der Verkäufer jedoch dahingehend zunutze machen, über diese Erkenntnis seine Strategie des Fairplay gegenüber dem Kunden zu wählen. Es ist Sache des Verkäufers, dem Kunden die Transparenz des Preises und den Wert des angebotenen Gutes deutlich zu machen und wissentlich zu verkaufen. Auf diese Weise kann eine stringente und strategisch kluge Preisargumentation innerhalb eines Verkaufsgesprächs aufgebaut werden. Genau diese adaptive Preisargumentation bewirkt letztendlich ein Zufriedenheitsgefühl beim Kunden, das seinen Wunsch nach Rabatt erfolgreich minimieren kann.

Untersuchung – Die negativen Auswirkungen von Rabatt (Abb. 4.2)
Um diese sehr wissenschaftliche Aussage zu beleuchten, betrachten wir ein Beispiel im Detail. Ein Kunde macht sich in der Regel bei jeder Kaufabsicht, je nach Involvement des Produktes (Low-Involvement = alltägliche Produkte, Kleineinkäufe; High-Involvement = teure, finanzintensive Produkte, Produkte des nichtalltäglichen Gebrauches), kürzere oder längere Gedanken zu dem Produkt und was er von diesem erwartet. Er beschäftigt sich vorab sowohl mit dem Preis als auch mit der Leistung, die er sich von einem Kauf erhofft. Nehmen wir an, ein Kunde sucht einen Ring für einen besonderen Anlass als Geschenk für seine Frau. Er überlegt sich, dass es ein Ring sein sollte mit einem Brillanten bestimmter Größe sowie einen ungefähren Preis, den er dafür erwartet. Dieser gedankliche Vergleichsprozess führt, sollte er ausgeglichen sein (Ist-Zustand = Soll-Zustand), zu einem in der Wissenschaft sogenannten Konfirmationszustand. Dieser Konfirmationszustand beschreibt die Kundenzufriedenheit auf Konfirmationsniveau. Bekommt der Kunde

4.2 Die Folgen zu hoher Rabatte für Sie und Ihr Unternehmen

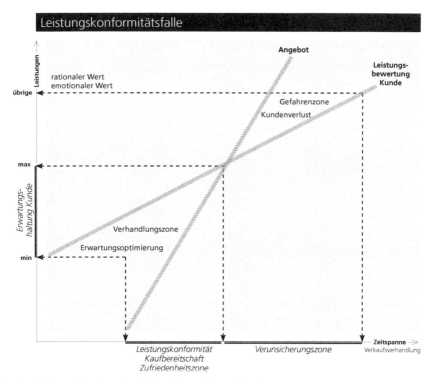

Abb. 4.2 Leistungskonformitätsfalle (eigene Darstellung)

tatsächlich das, was er sich vorgestellt hat, so ist er zufrieden mit seinem Kauf. Wird ihm allerdings ein Angebot unterbreitet, das im Falle des Ringbeispiels einen kleineren Brillanten zu einem höheren Preis als erwartet beinhaltet, ist das Konfirmationsniveau unausgeglichen. Es entsteht eine so genannte Diskonfirmation. In dieser Phase befindet sich der erwünschte Soll-Zustand des Produktes oberhalb des Ist-Zustandes (Soll > Ist), und der Kunde ist unzufrieden. Ebenso könnte das Szenario umgekehrt ablaufen. Der Kunde erwartet viel weniger, als er letztendlich bekommt. Der Stein in dem Ring ist viel größer als vom Kunden erwartet und preislich liegt er unter dem, was der Kunde bereit war auszugeben. Ist dies der Fall, entsteht eine positive Konfirmation. Der Soll-Zustand des Produktes liegt unter dem Ist-Zustand, den der Kunde angeboten bekommt (Soll < Ist). Dies führt dazu, dass der Kunde sehr zufrieden ist mit seinem Kauf.

Auf den ersten Blick erscheint eben dieser Zustand für jeden Einzelhändler erstrebenswert, doch birgt dieser auch erhebliche Gefahren, besonders dann, wenn die Leistung dem Kunden gegenüber nicht ausreichend kommuniziert wird. Oftmals kommen diese positiven Konfirmationszustände, wenn der Kunde mehr bekommt als ursprünglich von ihm erwartet, durch besondere Preisnachlässe in Einzelfällen zustande. Der Kunde bekommt beispielsweise einmalig für seine langjährige Treue einen besonderen Preisnachlass auf diesen Kauf. Wird dieser besondere Preisnachlass oder ein bestimmtes Add-On auf einen Kauf nicht korrekt oder ausreichend kommuniziert, sieht der Kunde

Abb. 4.3 Kundenzufriedenheitsfalle. (Quelle: vgl. Homburg und Krohmer 2006, S. 45)

diese Leistung, unabhängig davon, ob Preisnachlass oder Zusatzgeschenk, zukünftig als selbstverständlich und natürlich an. Er nimmt die einmalig erbrachte Leistung als neuen Standard und erwartet bei seinem nächsten Kauf nicht nur mindestens die gleiche Leistung, sondern in der Regel sogar eine weitere Steigerung. Auf diese Weise entsteht eine so genannte Kundenzufriedenheitsfalle, die, sofern es dem Verkäufer nicht gelingt, die gegebene Sonderleistung ausreichend zu kommunizieren, über kurz oder lang bei dem Kunden zu Unzufriedenheit führt. Befindet sich der Kunde in der Zufriedenheitsfalle, erwartet er bei jedem Kauf eine höhere Leistung, da er die zuvor erbrachte Leistung, hier Rabattleistung, als selbstverständlich ansieht. Seine nun zu hohe Erwartung wird allerdings höchstwahrscheinlich bei einem nächsten Kauf nicht erfüllt werden können, was dazu führt, dass der Soll-Zustand kleiner als der Ist-Zustand (erwartete Leistung, beeinflusst durch letzten Kauf mit Sonderleistung) wird und eine negative Konfirmation eintritt. Der Kunde ist jetzt unzufrieden und fühlt sich unfair behandelt. Diese unnötige und künstlich erzeugte Unzufriedenheit führt zu einer Disbalance im konfirmatorischen Gleichgewicht des Kunden (vgl. Abb. 4.3). Er nimmt im Vergleich zwischen der erbrachten Leistung und dem, was er erwartet hat, einen negativen Unterschied wahr, der ihn unzufrieden macht und in vielen Fällen sogar dazu führt, dass der Kunde auf einen Kauf der Ware ganz verzichtet.

Kernaussage: Kundenzufriedenheit resultiert aus dem Vergleich der tatsächlichen Erfahrung bei der Inanspruchnahme einer Leistung (Ist-Leistung) mit einem bestimmten Vergleichsstandard des Kunden (Soll-Leistung).

Viele Einzelhändler haben diese käuferpsychologische Dynamik nicht erkannt und geraten in eine Rabattspirale, der sie irgendwann nicht mehr gerecht werden können. Sie wundern sich, warum sie ihre Kunden trotz erheblicher Rabatte nicht halten oder zufrieden stellen können.

Der Ausweg aus diesem Dilemma ist, wie bereits erwähnt, die überzeugende Kommunikation des Verkäufers mit dem Kunden. Sonderpreisnachlässe oder Unternehmensgeschenke müssen explizit beschrieben und kommuniziert werden. Rabatte oder Add-Ons sollten nie grundlos vergeben werden. Es ist auch für den Kunden sehr wichtig zu wissen, wie sich der Preis zusammensetzt bzw. wofür er bei einem Kauf eine Sonderleistung bekommt. Auf diese Art und Weise kann das Unternehmen unbegründet hohe Erwartungen des Kunden, denen es gerecht werden soll, vermeiden. Soll- und Ist-Zustand der Kundenerwartungen sind ein sehr sensibles Gefüge, das Fingerspitzengefühl und Verkaufserfahrung erfordert und möglichst nicht aus dem Gleichgewicht gebracht werden sollte. Denn sowohl ein negatives Konfirmationsniveau als auch ein zu positives führen über kurz oder lang zu Kundenverwirrung und Unzufriedenheit. Besonders das willkürliche Vergeben von Rabatten ist sehr gefährlich, denn bleibt der Rabatt als einziger Faktor der Kundenbindung übrig, ist das Image des Unternehmers, des Verkäufers oder der Marke bald hinfällig. Ein Kunde, der einmal nach Rabatt fragt, wird dieses mit jedem Erfolg noch eindringlicher tun, was ihn wiederum in seinem Handeln bestätigt und eine gefährliche Negativspirale, zumindest aus Margensicht, für den Handel einleitet. Auch hier ist die korrekte Kommunikation von Preisnachlässen das „A & O" einer erfolgreichen Unternehmensphilosophie mit dauerhaft zufriedenen Kunden.

▶ **Hierzu folgender Merksatz für Sie** Bleibt der Rabatt als einziger Faktor der Kundenbindung übrig, ist das Image des Unternehmers, des Verkäufers oder der Marke bald hinfällig.

Wie Unternehmen und Marken ihr Image und ihre Reputation stabil halten und sogar steigern, indem sie Rabatte ausschließen, zeige ich Ihnen anhand eines Beispiels.

Beispiel: Das positive Ansehen eines Produktes am Beispiel Louis Vuitton

Geschlossene Distributionssysteme, wie beispielsweise das von Louis Vuitton, haben enorme Vorteile und repräsentieren große Marktmacht nach außen. Ferner sind sie dem Markenimage und dem Markenprestige sehr zuträglich. Diese Unternehmen haben ihre Preise gänzlich unter Kontrolle, da keine Händlerbeziehungen bestehen, die in das von Louis Vuitton vorgegebene Preisgefüge, in Form von Ausverkäufen oder Rabattaktionen, eingreifen könnten. Das hohe Ansehen einer Marke wird an das hohe und stetige steigende Niveau des Preises gekoppelt. Marken, besonders im Luxusgütersegment, die es sich leisten können auf Rabatte zu verzichten, haben einen besonderen und exklusiven Reiz für Ihre Kunden. Diese sind sich des besonderen Prestiges beim Tragen dieser Marken bewusst, von denen jeder weiß, dass ein Produkt aus deren Kollektion kein Sonderangebot gewesen sein kann. Preisnachlässe, Sonderverkaufsaktionen oder Rabatte sind ein absolutes Tabu – und das nicht ohne Grund. Rabatte schaden sowohl der Reputation als auch dem Image einer Marke, da diese durch Sonderpreise schnell einen Beigeschmack von Ramsch bekommen können. Vielmehr wird hier anstelle von Rabatten das „kleine Geschenk zum Kauf" dazugegeben. Dieses ersetzt den Rabatt und die Marge bleibt auf diese Weise erhalten. Andere Marken wiederum halten das

Ansehen ihrer Produkte hoch, indem sie die Liefermengen einzelner Modelle knapp halten (z. B. Armbanduhren der Marke Rolex, Modell „Daytona") oder Produktreihen von vornherein limitieren (z. B. Serien der Marke Hermès).

Die Glaubwürdigkeit der Preise bei Rabattforderungen der Kunden
Folgendes Szenario ist in der Realität häufig Bestandteil des Alltags eines Händlers:

Ein Kunde erscheint im Geschäft und behauptet gegenüber dem Verkäufer: **„Woanders bekomme ich aber mehrere Prozent Rabatt."**

Bei solchen Behauptungen sitzt der Verkäufer oftmals in der Falle, da er nicht mit Sicherheit sagen kann, ob die Aussage des Kunden der Wahrheit entspricht oder dieser die Preisbehauptung einfach in die Welt setzt.

▶   **Mein Tipp für Sie** Nicht sofort mit einem Gegenangebot reagieren.

Den größten Fehler, den der Verkäufer an dieser Stelle machen kann, ist, auf die Rabattanfrage sofort mit einem entsprechenden Gegenangebot zu reagieren, da er auf diese Weise die Glaubwürdigkeit des Preises selbst in Frage stellt und unnötige Zweifel aufkommen lässt. Gerade diese Fehler werden schon zu Anfang gemacht und sind in der Folge des Gesprächsverlaufes nicht mehr zu korrigieren. Wer dem Kunden Rabatt einräumt, räumt diesem auch schon den Rabatt für den darauffolgenden Kauf ein. Der Kunde, der Rabatt gewohnt ist, fragt immer wieder nach Rabatt, und der Kunde, der rabattverwöhnt ist, fragt nach immer höheren Rabatten. Es ist nun Sache des Verkäufers, diese Rabattspirale zu durchbrechen und den Kunden auf eine andere individuelle Art und Weise zufriedenzustellen.

Betriebswirtschaftlicher Schaden für das Unternehmen durch Rabatte
Nicht immer ist die Gewährung eines Rabattes gleichbedeutend mit dem Generieren eines betriebswirtschaftlichen Schadens oder eines negativen Deckungsbeitrages. Vielmehr kann ein entgangenes Geschäft aufgrund einer falschen Verhandlungsstrategie im Zweifel einen viel größeren Schaden bedeuten. Um diesen Einwand zu verdeutlichen, betrachtet man den Preisnachlass in Form eines Rabattes analytisch mathematisch. Dabei gehe ich von folgenden Annahmen aus.

> *300 Verkaufstage x 5 Mitarbeiter x 100 € Rabatt*
> *= 150.000,00 €*

Wie ist das in Ihrem Unternehmen? Schon mal nachgerechnet? Die Zahlen sind austauschbar, individuell für jedes Unternehmen. Bei sehr hochwertigen Gütern kann die Rechnung auch so aussehen:

4.2 Die Folgen zu hoher Rabatte für Sie und Ihr Unternehmen

300 Verkaufstage x 3 Mitarbeiter x 250 € Rabatt
= 225.000,00 €

Aus dieser Perspektive lassen sich viele betriebswirtschaftliche Betrachtungsweisen anstellen. Die folgende Tabelle soll einen Überblick darüber verschaffen, was zehn Prozent Rabatt in reellen Zahlen für ein Unternehmen bedeuten und wie viel Marge jedes weitere Prozent Rabatt kostet (Abb. 4.4).

Betrachtet man exemplarisch einen Rabattsatz von zehn Prozent, lässt sich bereits hier berechnen, dass an dieser Rabattschwelle 27 % des Rohgewinns verloren gehen und ca. 20 Punkte der Kalkulation eingebüßt werden. Bei 15 % Rabatt sind es schon 40 % des Rohgewinns und 30 Punkte Einbuße bei der Kalkulation. Bei einem Preisnachlass von 20 % verliert der Händler schon über die Hälfte des Rohgewinns und es kommt in Bezug auf die Kalkulation zu einer Einbuße von 40 Punkten. Hält man sich diese Zahlen vor Augen, wird schnell deutlich, wie drastisch sich selbst marginale Rabatte auf die Erwirtschaftung von Rohgewinnen auswirken. Vor dem Hintergrund dieser Zahlen sollte sich jeder Unternehmer und auch Mitarbeiter gewahr werden, mit welcher Vorsicht man Rabatte vergeben sollte, und wie verheerend diese sich bei leichtfertiger Vergabe auswirken können.

Im Durchschnitt werden im Einzelhandel ca. dreieinhalb Prozent Rendite vom Umsatz erwirtschaftet. Ein Prozent Nachlass bedeutet bezogen auf das vorherig berechnete Beispiel einen Gewinnrückgang von 28,5 %. Das Gewähren von vier Prozent Nachlass bedeutet demnach, dass hier kein Gewinn mehr erwirtschaftet wird. Dieses muss und wird im Regelfall durch höhere Kalkulation oder durch Kompensation von Verkäufen, die ohne Nachlass erfolgen, ausgeglichen werden. Aber eben nicht immer! Nun bleibt es Ihnen überlassen, diesen Schaden für Ihr Unternehmen individuell auszurechnen.

Abb. 4.4 Was kostet Rabatt? (eigene Darstellung)

Was kostet Rabatt								
Rabatt	VK-Preis brutto	VK-Preis netto	EK-Preis netto	Rohgewinn	Verlust Rohgewinn	Netto Marge	Kalk.	Verlust
0	1000,00	840,34	530,00	310,34	0,00	0,59	1,89	0 %
10,00 %	900,00	756,30	530,00	226,30	84,04	0,43	1,70	-27,08 %
11,00 %	890,00	747,90	530,00	217,90	92,44	0,41	1,68	-29,79 %
12,00 %	880,00	739,50	530,00	209,50	100,84	0,40	1,66	-32,49 %
13,00 %	870,00	731,09	530,00	201,09	109,25	0,38	1,64	-35,20 %
14,00 %	860,00	722,69	530,00	192,69	117,65	0,36	1,62	-37,78 %
15,00 %	850,00	714,29	530,00	184,29	126,05	0,35	1,60	-40,62 %
20,00 %	800,00	672,27	530,00	142,27	168,07	0,27	1,51	-54,16 %

Alle Angaben in Euro, Basis 19 % MwSt.

4.3 Die unterschiedlichen Anbieter und ihre Rabattsysteme

Doch zunächst ein Ausflug in die sich verändernde Landschaft des Einzelhandels. Über die Jahre hinweg hat der klassische Einzelhandel massiv an Marktanteilen verloren. Abbildung 4.5 zeigt die Entwicklung der letzten Jahre.

Zwischen den Jahren 2000 und 2010 hat der traditionelle Einzelhandel insgesamt 10,6 % an Umsatz eingebüßt. Haben die Filialisten noch um 1,5 % gewonnen, so ist der Anteil der Fachmärkte um 4,0 % gestiegen. Der traditionelle Fachhandel hat hierbei nicht nur an den Online-Handel, der um 4,8 % gestiegen ist, verloren. Filialen und Fachmärkte sind ebenso auf dem Vormarsch wie der Onlinehandel. Doch bedarf es hier einer spezifizierten Betrachtungsweise, da es mittlerweile Mischformen in den einzelnen Handelsstrukturen gibt.

Zuvor wirft Abb. 4.6 einen Blick in die Statistik des E-Commerce. Innerhalb der Branchen gibt es hier erhebliche Unterschiede.

Hier ist deutlich erkennbar, wie sich einzelne Einzelhandelsbranchen sehr unterschiedlich entwickeln. Auffällig ist der starke Anteil des Onlinehandels im Fotofachhandel. Der „Beratungsdiebstahl" führt zweifelsohne zu Reaktionen im Fotofacheinzelhandel. „Beratungsdiebstahl" bedeutet hierbei, dass der Kunde sich ausführlich im stationären Fachhandel über die Eigenschaften eines Produktes informiert, d. h. er lässt sich die Vorzüge und Technik des Produktes ausführlich durch den Verkäufer erläutern, um das Produkt letztendlich doch bei dem günstigeren Online-Händler zu erwerben.

Mein Fazit: Immer noch sind die Märkte zu groß und die Betrachtungsweisen zu global. In der Statistik in Abb. 4.7 habe ich versucht aufzuzeigen, wie unterschiedlich die Bewertungskriterien der verschiedenen Anbieter ausfallen können.

Der Wettbewerb der verschiedenen Anbieter um die Gunst der Kunden
Hier gilt es sorgfältig zu differenzieren. Abbildung 4.7 verdeutlicht sowohl die unterschiedlichen Anbietersysteme als auch die Vergleichswerte untereinander. Die Bewertung ist von mir nach einer eigenen Analyse erstellt und zeigt den relevanten Angebotsbereich, nicht nur den der Preisinformation. Wichtig ist, dabei festzustellen, dass auch die Internetanbieter unter sich jeweils in einem Wettbewerbsverhältnis stehen. Die Transparenz der Internetanbieter ist für den stationären Handel erkennbar, umgekehrt aber nicht. Diesen Vorteil gilt es zu nutzen. Der Kunde erkennt die Angebote, aber selten analysiert er die unterschiedlichsten Vor- und Nachteile. Die Hersteller bestimmen mit ihren Internetinformationen selten nur den Preis als zentralen Fokus ihres Angebotes. Eher umgekehrt. Der Preis ist für den Hersteller das signifikante Signal für den Wert und den Nutzen seiner angebotenen Produkte. Der Versandhandel ist schon eher in Richtung Preisbildung orientiert, da er im Wettbewerb mit anderen Versandhandelshäusern steht. Gegenüber dem stationären Einzelhandel muss er üblicherweise preisgünstiger sein, um die fehlende Haptik und die anfallenden Versandkosten auszugleichen. Warenhauskonzerne sind hybride Anbieter, sowohl stationär wie auch online. Im Regelfall verfügen sie über das gleiche Warenangebot. Preislich unterscheiden sich der stationäre Vertrieb wie der Online-Vertrieb üblicherweise

4.3 Die unterschiedlichen Anbieter und ihre Rabattsysteme

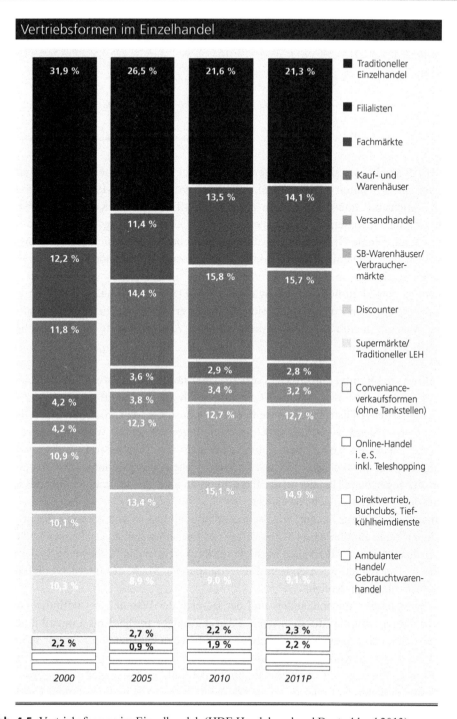

Abb. 4.5 Vertriebsformen im Einzelhandel. (HDE Handelsverband Deutschland 2013)

Abb. 4.6 Branchenvergleich E-Commerce. (HDE Handelsverband Deutschland 2013)

Branchenvergleich E-Commerce	
E-Commerce-Anteil in Prozent vom Umsatz	
Fotofachhandel	18,2 %
Schmuck-/Uhrenfachhandel	4,0 %
Möbelfachhandel	1,3 %

nicht. Die Warenhäuser sind klassischer Einzelhandel und unterscheiden sich daher nur wenig von allen weiteren stationären Einzelhandelssystemen. Duty-Free/Value-Travel ist eigentlich nicht mit Internetangeboten am Markt auffindbar. Das Kerngeschäft ist hier der Vertrieb an Flughäfen. Typischerweise vertreten sind dort, wegen der großen Internationalität, die Single-Brand-Stores. Auktionshäuser beschäftigen sich üblicherweise mit gebrauchten Waren. Damit ist kein direkter Vergleich zum Einzelhandel, der sich z. B. mit Neuwagen beschäftigt, möglich.

Doch erst einmal zurück zum Facheinzelhandel. Der Facheinzelhändler hat im Laufe der Jahre einen starken Zuwachs zahlreicher Konkurrenten verschiedenster Distributionssysteme erhalten. In Abb. 4.8 werden die relevanten Vergleichswerte von drei Fachbranchen gegenübergestellt.

Stationärer Fachhandel konkurriert mit Internethändlern und dem Versandhandel
Der Fachhandel steht hinsichtlich der Gunst des Endverbrauchers in unmittelbarer Konkurrenz zu weiteren Distributionssystemen. Der Konsument hat in Zeiten eines immer transparenter werdenden Marktes und immer niedriger werdender Wechselbarrieren die Möglichkeit, jederzeit sowohl den Anbieter als auch die Angebotsform frei zu wählen und folglich auch zu wechseln. Klassische Sparten wie der sogenannte Nahversorgungsbereich, der sogenannte Händler an der Ecke, mussten im Zuge der Entwicklung des Internetkaufs dem globalen Angebot weichen.

Betrachtet man diese Fakten, wird schnell deutlich, dass es von enormer Wichtigkeit ist, nicht nur seine unmittelbaren Mitbewerber des Facheinzelhandels zu kennen und diese genau zu analysieren, sondern auch verstärkt die konkurrierenden Mitbewerbersysteme zu beobachten. Der schnell wachsende und sehr transparente Markt des Internets spielt dabei eine der bedeutendsten Rollen.

Die Bereiche des Versandhandels und der Bereich der Warenhäuser befinden sich in einer Art Problemspirale, die man nach näherer Analyse treffend als Logistikfalle bezeichnen könnte und spiegeln im weiteren Sinne die eben genannten Strukturänderungen der Märkte wider. Sowohl der Versandhandel als auch große Warenhäuser erzielen den Großteil ihrer Absatzerfolge mittlerweile nur in den unteren Preislagen. Hintergrund ist, dass diese den hohen Anforderungen an Präsentationsstandards und geschulten Fachkräften kaum gerecht werden können. Eine weitere bedeutende Barriere ist die finanziell sehr intensive Kapitalbindung, die es diesen Marktteilnehmern nahezu unmöglich macht, in die Premium- oder sogar Luxusliga des gehobenen Einzelhandels einzudringen. Daneben fehlt

4.3 Die unterschiedlichen Anbieter und ihre Rabattsysteme

Gegenüberstellung

Gegenüberstellung: Einzelhandel, Filialunternehmen, Markenboutiquen, Duty Free/Value Travel, Warenhäuser, Versandhandel, Auktionshäuser, Hersteller, Dienstleister. (M. Mauer)

O = Offline- / I = Onlinevertrieb	Einzelhandel		Filialunternehmen		Markenboutiquen		DutyFree/Value Travel		Warenhäuser		Versandhandel		Auktionshäuser		Hersteller		Dienstleister		Druchschnitt
	O	I	O	I	O	I	O	I	O	I	O	I	O	I	O	I	O	I	
Unternehmen:																			
Informationen	6	3	6	6	4	4	6	x	4	4	x	1	6	2	6	6	2		4,4
Image	3	3	5	5	7	7	3	x	5	5	x	2	7	3	7	7	1		4,7
Karriere	1	1	7	7	5	5	1	x	7	7	x	1	2	3	7	7	1		4,1
Produkte:																			
Informationen	3	7	3	7	1	7	3	x	3	7	x	3	3	7	3	7	7		4,7
Verkaufspreise	9	9	9	9	9	9	9	x	9	9	x	9	9	7	9	9	9		8,9
Markeninfo	4	4	3	3	7	7	5	x	4	5	x	2	2	2	7	9	0		4,3
Cross Selling	6	5	6	5	2	2	3	x	6	5	x	4	2	3	2	5	1		3,8
Service:																			
Mehrsprachigkeit	3	5	5	7	3	5	7	x	3	5	x	2	5	7	7	7	5		5,1
Vergleichsmöglichkeiten	1	5	1	4	1	5	3	x	1	5	x	0	1	7	1	2	7		2,9
Onlinesupport	1	4	5	7	1	4	0	x	5	7	x	1	1	7	5	7	1		3,7
Bewertungsmöglichkeiten	1	7	1	7	1	7	0	x	1	7	x	1	1	7	1	7	0		3,3
Service	5	5	5	8	5	8	1	x	5	8	x	5	5	8	5	8	0		5,4
Vertrieb:																			
Vertrieb regional	7	7	7	8	6	3	8	x	6	8	x	7	7	8	1	8	8		6,6
Vertrieb national	1	7	7	8	1	3	1	x	7	8	x	7	3	8	1	8	8		5,2
Vertrieb international	1	4	4	6	1	1	1	x	4	6	x	4	1	5	1	8	6		3,5
Marketing:																			
Partnerprogramme	3	7	5	8	3	7	1	x	5	8	x	1	2	2	1	8	2		4,2
Promotions	4	7	5	8	4	7	5	x	5	8	x	4	2	2	5	8	2		5,1
Newsletter	3	7	6	8	3	7	0	x	6	8	x	3	6	6	6	8	5		5,5
Social Media	2	6	4	7	2	6	0	x	4	7	x	1	4	4	7	8	4		4,4
Kundenbindung	1	6	1	7	1	6	0	x	3	7	x	7	1	4	1	6	1		3,5
Events	3	3	5	5	4	4	0	x	5	5	x	1	5	5	5	6	2		3,9
Sponsoring	2	2	5	5	3	3	0	x	5	5	x	1	1	1	5	5	2		3,0
Summe	70	114	105	145	74	117	57	X	103	144	X	67	76	108	93	154	74		100

Nicht möglich: 0 | Eingeschränkt möglich: 1-6 | Gut / sehr gut möglich: 7-9

Abb. 4.7 Gegenüberstellung Filialunternehmen, Duty Free/Value Travel, Versandhandel (eigene Untersuchung, Analysen und Bewertungen, Michael Mauer)

Abb. 4.8 Branchenvergleich Schmuck/Uhren/Möbel. (HDE Handelsverband Deutschland 2013)

Branchenvergleich Schmuck / Uhren / Möbel / Foto				
	Schmuck	Uhren	Möbel	Foto
Umsatzvolumen 2011 in Wert	3,6 Mrd.	1,8 Mrd.	15,4 Mrd.	4,7 Mrd.
Distribution Fachhandel	72 %	70 %	78 %	27 %
Distribution alle übrigen	28 %	30 %	22 %	73 %

sowohl dem Versandhandel als auch dem Warenhaus das Vertrauen der Kunden, dass auch hochwertige Waren mit entsprechend angemessenem Service angeboten werden können.

Boutiquen/Exklusive Fachgeschäfte
Die Marktsparte der Boutiquen hingegen gilt aus Sicht des Endverbrauchers als etablierte und angemessene Verkaufs- und Einkaufsquelle. Boutiquen verfügen über ein Ambiente, in dem sich der Kunde wohl und aufgehoben fühlt und das auf diese Weise positiv zur Kundenbindung beiträgt. Nach diesem Prinzip funktionieren heutzutage auch die sehr gut ausgebauten Duty-Free- und Value-Travel-Shops.

Generelle Vorteile des Versandhandels für den Kunden
Bei den Angeboten des Versandhandels spielt der Faktor Preis eine entscheidende, wenn nicht sogar die entscheidende Rolle. Mit günstigen Angeboten versucht der Versandhandel einen Ausgleich für das Beratungsdefizit gegenüber dem Einzelhandel zu schaffen. Ferner unterstreichen kulante Umtausch- bzw. Warenrücknahmeangebote die These der Ausgleichsschaffung. Versandhäuser wie OTTO-Versand, Zalando und Wenz sind bekannte Vertreter in dieser Marktbranche und Vorreiter für die erleichterten Warenrücknahmeangebote. Aber auch innerhalb der Unternehmenssparte der Versandhäuser gibt es, wie im Einzelhandel auch, Wettbewerb und Konkurrenzkampf um die Marktführerschaft, die dann auch zu qualitativen Unterschieden hinsichtlich der angebotenen Ware führen.

Der Siegeszug der Internetauktionen
Die wachsende Popularität von Internet-Auktionen liegt zum einen darin begründet, dass der Endverbraucher hier die Möglichkeit erhält, unter einer Vielzahl an Angeboten auf einem einfach zugänglichen und somit sehr transparentem Markt für einander ähnliche Artikel die rein optisch bewertbare Qualität und Preise zu vergleichen, um dann das günstigste Angebot selbstbestimmt zu wählen. Zum Anderen liegt der Siegeszug der Internetauktionen in ihrer breit gefächerten Warenpalette begründet, die in einer Vielzahl der Fälle auch die außergewöhnlichsten Artikel beinhaltet, die auf dem gewöhnlichen Markt nicht ohne weiteres verfügbar sind.

Nachteile von Internetauktionen für den Kunden
Doch birgt diese neue Art des Einkaufs auch Nachteile für den Endverbraucher. Diese bestehen zum Beispiel darin, dass der Konsument die Ware haptisch nicht wahrnehmen kann, d. h. er kann sie nicht anfassen, was allerdings gerade bei gebrauchter Ware eine

4.3 Die unterschiedlichen Anbieter und ihre Rabattsysteme

wichtige Grundlage und ein wichtiger Indikator zur Qualitätsbeurteilung der Ware ist. Zudem ist der Preis bei Internetauktionen hier immer ein unsicherer Faktor und wird durch

- Auktionsgebühren (ca. 15–20 %),
- Versandkosten,
- und Mehrwertsteuer

erhöht.

Ebay ist hier wohl der bedeutendste, zu nennende Vertreter am Markt. Eine Internetplattform, auf der jeder, sowohl Endverbraucher als auch gewerblicher Händler, seine Ware, sofern sie die Bestimmungen des Jugendschutzes einhält und frei von pornographischen oder gewaltverherrlichenden Inhalten ist, innerhalb des Geltungsbereiches des EU-Rechts, jedermann anbieten kann. Der Internetauftritt als solches beschränkt sich allerdings in der Regel auf die dem Konsumenten wichtigsten Attribute, die Produktbeschreibung und den Preis.

Fehlende Preistransparenz für den Kunden bei Internetauktionen
Für den Konsumenten birgt der Kauf über Onlineplattformen jedoch an vielen Stellen weitere Risiken und Gefahren, die zu großen Nachteilen werden können. Oftmals wird das vermeintliche Schnäppchen teurer ersteigert, als zu dem Restwert, den es zu dem Zeitpunkt des Kaufs tatsächlich hatte, oder in Einzelfällen sogar teurer, als wenn es neu gewesen wäre.

Der Beratungs- und Leistungsdiebstahl im Einzelhandel
Dieses Problem kann der Kunde nur umgehen, indem er die Informationsasymmetrie des besser informierten Verkäufers überwindet und sich vor dem Kauf ausführlich über die Ware und deren Herkunft und Wert gründlich informiert. Informationsasymmetrien führen zu Marktverzerrungen, die im Ergebnis eine negative Folge für eine der beiden Parteien haben kann. Entweder bezahlt der zu schlecht informierte Konsument einen zu hohen Preis für ein Produkt, das einen zu niedrigen Wert hat, oder die Unsicherheit des Kunden, die Qualität der Ware richtig einzuschätzen, führt dazu, dass der Verkäufer auf seinen Produkten sitzenbleibt und am Markt nicht weiter bestehen kann.

▶ **Mein Tipp für Sie** Beugen Sie dem Beratungs- und Leistungsdiebstahl vor. Beratungs- und Leistungsdiebstahl bedeutet: Der Kunde beschafft sich alle relevanten Informationen bei Ihnen im Einzelhandel, kauft jedoch letztlich sein Produkt im Internet.

Transparenz und Informationsaustausch wirken den Negativfaktoren der Informationsasymmetrien entgegen. Sein Defizit an Informationen versucht der Endverbraucher dann bei seinem örtlichen Fachhändler auszugleichen. Hier spricht man im Allgemeinen vom Beratungs- oder Leistungsdiebstahl.

▶ **Mein Tipp für Sie** Als stationärer Händler weisen Sie den Kunden ausführlich auf die Gefahren des Internetkaufs hin!

Der erfahrene Verkäufer kann den Beratungs- und Leistungsdieb an dessen konkreten und speziellen Fragestellungen erkennen. Daher sollte der Fachhändler jede Möglichkeit nutzen, auf die Gefahren eines Internetkaufs hinzuweisen. Neben den bereits genannten Nachteilen sind zwei Gefahrenaspekte für den Kunden besonders hervorzuheben:

- Fälschung (Der Kunde sollte Internetangebote immer prüfen und differenziert betrachten)
- Nichtlieferung trotz Zahlung bei Vorkasse

Auf diese Weise kann der Verkäufer es unter Umständen sogar schaffen, den Beratungs- und Leistungsdieb von seinem Vorhaben eines Internetkaufes weg und zu einem Kauf im eigenen Unternehmen hin zu bewegen. Auch hier ist es von äußerster Wichtigkeit, dem Kunden ein Gefühl von Vertrauen, Sicherheit und Aufgehobensein zu vermitteln, das er nur bei einem direkten Kauf bei Ihnen im Einzelhandel haben kann.

Fazit: Einzelhandel contra Online-Vertrieb
Gerade in der heutigen Zeit der immer transparenter werdenden Märkte und Angebotsplattformen wird das Eis an vielen Stellen dünn für den Einzelhandel. Jeder Händler, der über ausreichend technologisches Know-how verfügt, einen Onlineshop aufzubauen, kann heutzutage als potentieller Konkurrent und ernstzunehmender Mitbewerber des Einzelhandels angesehen werden. Für den Kunden ist es einfach, innerhalb von wenigen Minuten Dutzende von Vergleichsangeboten herauszusuchen und den Händler zu finden, der das gewünschte Produkt zum niedrigsten Preis anbietet. Die Nachfrage im stationären Einzelhandel geht zurück, Kunden bleiben aus und Umsätze brechen ein. Immer mehr Menschen nutzen den Einzelhandel nur noch, um Informationen in Form von Beratung einzuholen, um letzte Zweifel am Produkt aus der Welt zu schaffen – doch gekauft wird letztlich im Internet. Die eben schon erwähnte Praxis des Beratungsdiebstahls unterstützt diese These. Hinzu kommt, dass geringere Fixkosten bei Onlineanbietern wie Mieten, Löhne, Lager- und Energiekosten, sowie der Einkauf großer Warenmengen, es dem Online-Händler ermöglichen, Preise unterhalb des marktüblichen Gleichgewichtspreis im Einzelhandel auszuweisen. Diese Entwicklung ist gerade für kleine und mittelständische Unternehmer eine Gefahr und oftmals die entscheidende letzte Ursache zur endgültigen Geschäftsaufgabe aufgrund mangelnder Konkurrenzfähigkeit gegenüber großen „Internet-Powersellern". Argumentiert man rein rational über den Preis, ist der traditionelle Einzelhandel, wie wir ihn kennen, ein aussterbendes Modell. Doch hat der Einzelhandel tatsächlich keine Chance im direkten Vergleich mit Onlineanbietern? Nein, im Gegenteil!

Wie kann ich mich als Einzelhändler erfolgreich gegen andere Anbieter behaupten?
Der Einzelhandel hat dem Kunden gegenüber Vorteile zu bieten, gegen die viele Onlineanbieter chancenlos sind. Die folgende Gegenüberstellung soll verdeutlichen, mit welchen Mitteln der Einzelhandel sich gegenüber Internetanbietern behaupten kann. Im Folgenden erläutere ich Ihnen, welche Argumente für den Einzelhandel sprechen und welche Gefahren und Unsicherheiten der Onlinekauf für den Kunden birgt.

Literatur

HDE Handelsverband Deutschland. Hrsg. 2013. *Factbook Einzelhandel*. Neuwied: Verlag LPV Media GmbH.

Homburg, C., und H. Krohmer. 2006. *Marketingmanagement*. S. 45. Gabler.

Der Einzelhandel im direkten Vergleich... 5

5.1 ...zu klassischen Auktionen

Mancher Kunde erzählt Ihnen vom letzten Besuch einer Auktion mit dem stolzen Hinweis auf einen günstigen Erwerb und der allgemein angeblich fantastischen Preise, die man dort vorfinde. Nicht selten kommt der Kunde auch mit einem Auktionskatalog zu Ihnen und verlangt von Ihnen als kompetentem Fachberater beinahe schon ein Gutachten darüber, ob der angebotene Gegenstand seinen Preis wert ist, und er ihn erwerben soll. Auch hier gilt es erst einmal die Vor- und Nachteile der Angebote aus Auktionen mit dem Kunden gemeinsam zu analysieren. Ähnlich wie beim Onlinehandel im Internet erarbeiten Sie die Vorteile des Einzelhandels gegenüber den Angeboten mancher Auktionshäuser. Aber auch hier verfolgen Sie bitte eine Strategie der Differenzierung der Angebote und der Vor- und Nachteile klassischer Auktionen gegenüber dem Einzelhandel.

Beratung – Der Vorteil
Den Vorteil des persönlichen Beratungsgesprächs mit dem Kunden kann ein Auktionshaus selten bieten. Die nur in Einzelfällen vorhandene Beratungskompetenz des Personals bei Auktionen führt dazu, dass nur selten über Nutzen und Funktionen der Ware individuell mit dem Kunden verhandelt wird. Auch besteht nur eine geringe Chance für einen persönlichen Austausch von Informationen und den Ausdruck gegenseitiger Wertschätzung der Beteiligten. Die normalerweise mit dem Kauf verbundene Emotionalität weicht bei Auktionen der reinen Freude, vermeintlich ein Schnäppchen ersteigert zu haben. Doch hat der Kunde hier wirklich ein Schnäppchen ergattert oder vertraute er lediglich seinen trügerischen Emotionen? Hierüber sollten Sie den Kunden aufklären können, um ihm dann gegebenenfalls ein richtiges Angebot aus Ihrem Warenrepertoire im Einzelhandel zu unterbreiten.

Eine Beratung im klassischen Sinne findet bei Auktionen praktisch nicht statt. Im Auktionshandel wird keine Fachberatung angeboten, was einen wesentlichen Kostenvorteil für Auktionatoren darstellt. Bei einer Auktion findet der Kunde lediglich ein Minimum an Informationen im Auktionskatalog. Auktionshäuser versuchen hier durch Artikelbeschreibungen und bildhafte Darstellungen das Beratungsdefizit gegenüber dem Einzelhandel auszugleichen. Doch die Vorteile des persönlichen Gespräches, nebst dem Abwägen von Vor- und Nachteilen, Nutzen und Zweck von Waren, kann der Auktionshandel bis heute nicht bieten. Viele Fragen bleiben wiederum dem Kunden gegenüber offen.

Preis – 3, 2, 1…zu teuer
Lediglich der Startpreis ist dem potentiellen Erwerber bei Auktionen bekannt. Der Endpreis wird durch den Höchstbietenden bestimmt. Daher geht er bei Auktionen immer das Risiko ein, etwas zu teuer zu erwerben. Der Preis bei Auktionen ist oftmals von verschiedenen Faktoren abhängig, wie die der Begehrtheit des Stückes, seiner Exklusivität, aber auch der Anzahl anwesender Mitbieter sowie den Personalkosten. Nur selten besteht die Chance, ein wirklich günstiges Angebot zu erstehen. Wird letztendlich auch bei einer Auktion zum Startpreis nicht verkauft, kann es sich schon bei dem Startpreis um eine preisliche Fehleinschätzung halten. Der klare Vorteil des Einzelhandels ist, dass oftmals nur geringe Preisunterschiede am Markt vorhanden sind. Ein direkter Preisvergleich mit dem Einzelhandel ist nicht möglich. Somit sind die Aufrufpreise/Startpreise keine Orientierungsgröße. Der Kunde berücksichtigt nur die Startpreise. Der Endpreis ist für den Kunden bei einer Auktion vorab nicht erkennbar. Dies führt zu der irrigen Annahme, dass der Auktionator ihm das günstigste Angebot macht. Der Kunde kalkuliert dabei jedoch nicht die direkten Nebenkosten wie Auktionsgebühren, eventuelle Gutachtergebühren sowie die Mehrwertsteuer mit ein. Der Einzelhandel arbeitet mit fest angegebenen Preisen, bei denen der Kunde eine Möglichkeit hat, einen niedrigeren Preis auszuhandeln. Eine Umsatzerwartung lässt sich im Vorhinein ebenso wenig bestimmen.

Allgemein gilt, dass nicht mehr die Vergleichbarkeit von Neuware oder neuwertiger Ware und deren Preisdifferenz im Vordergrund bei Auktionen steht, sondern die grundsätzliche Einstellung, auf Auktionen Waren zu erwerben, die im klassischen Einzelhandel nicht angeboten werden. Der „Beratungsdiebstahl" (vgl. Abschn. 5.2) ist hier aber weiterhin präsent.

Liebhaberwert bei Auktionen Der Kunde erwirbt ein Produkt bei Auktionen nicht nur aufgrund des günstigen Preises, sondern auch um einen mit Liebhaberwert versehenen Gegenstand zu ergattern. Dies ist in der Regel ein Kundentyp, der für den Einzelhandel auch schwierig zu erreichen ist.

Gewährleistung/Garantie – da ist ja nix Im Regelfall greift die gesetzliche Gewährleistung auch bei Auktionen, diese ist aber gegenüber der Gewährleistung beim Neukauf im Einzelhandel deutlich schwächer ausgestattet. Bei Auktionen, wie überhaupt bei dem Verkauf von gebrauchten Artikeln, ist der Umtausch in der Regel ausgeschlossen. Garantien sind im Regelfall nicht zu gewähren. Die Reklamation bei Auktionen ist nahezu ausgeschlossen, der eventuelle Fall einer Rückabwicklung mit Kaufpreisrückerstattung tritt so gut wie nie ein. Im Einzelhandel besteht zwar auch kein generelles Umtauschrecht, im Allgemeinen hat es sich aber eingebürgert, dass der stationäre Einzelhandel umfangreiche Umtauschmöglichkeiten, oftmals zusätzlich mit einer „Geld zurück Garantie", gewährt. Bei Auktionen gibt es hingegen keine Umtauschmöglichkeiten. Ob eine Umtauschmöglichkeit von Nachteil oder Vorteil ist, lässt sich zwar schlecht beurteilen, was sich durchaus als Kostenvorteil erweist, kann aber auch Nachteil für den Auktionshandel sein, da der Kunde im Zweifelsfall nicht kauft.

Besonderer Service – Kompetenz schlägt Anonymität
Auktionen selbst sind lediglich Angebotsplattformen und somit auch nur als Mittler zwischen Verkäufer und Käufer zu verstehen. Ansprechpartner in Sachen Service sind nicht vorhanden. Der Kostenvorteil ist für den Auktionator hier offensichtlich. Dies ist jedoch eindeutig ein Nachteil für den Kunden. Bei Schäden oder anstehenden Reparaturen hat der Kunde bei Auktionen keinen kompetenten Ansprechpartner, der sich seiner Belange annimmt. Das Auktionshaus fungiert lediglich als Absatzvermittler. Spätestens mit dem Kauf ist der Erwerber für sein erworbenes Stück selbst verantwortlich. Der Vorteil eines persönlichen Gesprächs und einer individuellen Behandlung bei Reklamationen oder Reparaturen sollte nicht unterbewertet werden. Eine eigene Servicewerkstatt unterstreicht durchaus die Kompetenz der Einzelhandelsunternehmen und zeigt auch damit die große Differenz zu Angeboten von manchen Auktionshäusern.

Sicherheitsrisiken – Die Nr. Sicher sind Sie
Die Auktionshäuser haften lediglich im Rahmen der gesetzlichen Vorschriften. Echtheits-Bescheinigungen oder Zertifikate stellen Auktionshäuser von weitergehender Haftung frei. Diese Haftungsfreizeichnungen sind ebenfalls meist unvorteilhaft für den Kunden. Und hier liegt wohl das größte Problem bei allen Angeboten von Auktionshändlern. Als lediglich klassischer Absatzmittler zwischen Besitzer und potentiellen Kunden hat er selten genaue Kenntnisse über den Rechtsstatus einer Ware. Der Unsicherheitsfaktor ist wirklich der größte Nachteil beim Erwerb von Waren über Auktionen. Zwar ist das Sicherheitsrisiko deutlich geringer als beim Onlinehandel, aber eine Garantie für Echtheit und Legalität ist selten gegeben. Die oftmals fehlenden Kenntnisse der Kunden, insbesondere über den Wert der ersteigerten Gegenstände, führen zu hohen Geboten. Dies hält Profis davon ab mitzubieten. Fast immer fehlen bei Auktionen Originalzusatzteile, Zertifizierungen/Bescheinigungen, sowie bei technischen Geräten, Gebrauchsanweisungen.

Vertrieb – „permanent" schlägt „hin und wieder"
Der Vertrieb ist mit dem des Einzelhandels vergleichbar, jedoch können nur zu bestimmten Zeiten und am bekannten Auktionsort Produkte ersteigert werden und dort können auch nur die vorhandenen Stücke erworben werden. Nachbestellungen, Modifikationen oder Maßveränderungen sind nicht möglich. Das Manko von oftmals nur kurzen Verkaufszeiten

schränkt auch den Vertrieb im Einzelhandel ein. Wann immer der Konsument Nachfragen hat, wann immer Informationen fehlen, ist die Nähe des Einzelhandelsvertriebs zum Kunden ein nicht zu unterschätzender Vorteil. Auch Nachbestellungen und Modifikationen sind bei Auktionen in der Regel nicht möglich. Die Erreichbarkeit des Händlers für den Kunden ist daran gebunden, dass der Konsument sich im nahen Umfeld bewegt. Damit ist automatisch die Anzahl möglicher Kunden auf das Einzugsgebiet beschränkt. Viele Auktionshäuser sind aus diesem Grunde auch zum Anbieten von Telefonversteigerungen oder Onlineversteigerungen übergegangen.

5.2 …zu den Internetanbietern

Das haben Sie doch schon sicherlich einmal erlebt: Der potentielle Kunde steht vor Ihnen, hält voller Stolz ein Internetangebot in den Händen oder auf seinem Smartphone bereit und beginnt mit Ihnen die Verhandlungen um den Preis des Produktes. Ich selbst habe mich übrigens auch bei den ersten Verhandlungsgesprächen dieser Art sehr über die Dreistigkeit solcher Kunden geärgert. Ihnen wird es wahrscheinlich schon ähnlich ergangen sein. Aus diesem Grunde ist eine gründliche, profunde Analyse des gesamten Warenangebotes unerlässlich. Hierbei bin ich zu folgenden Feststellungen gekommen.

Beratung – Internet, was nun?
Im Einzelhandel kommt es auf eine persönliche Beratung an. Hierbei sind nicht nur ausführliche Informationen des Verkäufers gegenüber dem Kunden über Nutzen und Funktion eines Produktes, sondern auch der besondere Effekt der betrachteten, wie gefühlten Wahrnehmung eines Produktes, sprich der Haptik, entscheidend. Es geht bei einem Beratungsgespräch auch um die gegenseitige Wertschätzung zweier Persönlichkeiten beim Austausch von Informationen. Daneben spielen letztendlich die Emotionen dieser Personen oftmals die entscheidende Rolle, ob ein Verkauf erfolgreich abgeschlossen wird oder nicht. Diese emotionale Nähe kann im Internet oder Versandhandel so nicht hergestellt werden, und der Preis der Ware allein ist in den seltensten Fällen das ausschlaggebende Argument für den Kauf. Die eigentliche Stärke des Einzelhandels, nämlich die besondere Beratungsleistung, versuchen die Online-Anbieter durch immer bessere Artikelbeschreibungen und bildhafte Animationen auszugleichen. Doch die Vorteile eines persönlichen Gesprächs, nebst dem Abwägen von Vor- und Nachteilen, Nutzen und Zweck von Waren kann der Internetanbieter bis heute nicht bieten. Nicht alle Konsumentenfragen können von Internetanbietern wie etwa eBay oder Amazon erschöpfend beantwortet werden, oftmals ist schon kein zuständiger Ansprechpartner erreichbar. Daher bleiben beim Kunden dann viele Fragen einfach offen. Häufig erfolgt auch ein Kauf auf Verdacht, dem dann im ungünstigen Fall der Umtausch folgt. Aber auch dies ist immer mit Komplikationen für den Kunden verbunden.

Preis – Der Beratungsdiebstahl

Eben über nur diesen will der Kunde im Allgemeinen mit Ihnen verhandeln, die anderen Vorteile des Geschäfts hingegen stillschweigend als einen Mehrgewinn bei einem Kauf im stationären Einzelhandel mitnehmen. Und genau an dieser Stelle sollten Sie gegenüber dem Kunden die zusätzlichen, besonderen Leistungen des Einzelhandels geschickt hervorheben. Dem Konsumenten ist hierbei durchaus der Kostenvorteil der Internethändler bewusst. Die Löhne und Gehälter von Fachkräften und Spezialisten unterscheiden sich grundlegend von den Niedriglöhnen von Arbeitern, die lediglich damit beschäftigt sind, Waren aus Regalen zu nehmen und versandfertig zu machen. Die Vorteile der Internethändler bei der Preisbildung liegen daneben ebenso in der begrenzten Warenlagerhaltung und den geringeren Lagermieten. Wichtig für Sie: Über das Thema „Beratungs- und Leistungsdiebstahl" kann man durchaus kontrovers und gewinnbringend mit Kunden diskutieren. Oftmals erkennen sie dann auch die Vorteile von qualifizierter Beratung und entsprechendem Service und sind auch bereit, einen Mehrwert in Höhe des angemessenen Preises der Ware dafür zu leisten. Die bei Internetanbietern fehlende Emotionalisierung innerhalb einer Verkaufsinteraktion ist ein weiterer Ansatz, Differenzen in der Preisvorstellung des Kunden zu minimieren. Für den Internetanbieter bleibt als einziges Argument hingegen der günstige Preis. Bei Internetangeboten ist daher stets darauf zu achten, dem Kunden zu erklären, dass der vermeintlich günstige Internetpreis darauf beruht, dass die Artikel gebraucht sind, es sich um Restposten handelt oder es B-Waren sind. Nur auf diese Weise kann der Online-Händler seine Waren gegenüber dem Einzelhandel stets günstiger anbieten. Genau hier sollten Sie Ihr Verhandlungsgeschick einbringen, indem sie gemeinsam mit Ihrem Kunden das Internetanbieter-Angebot gründlich analysieren und Differenzen aufdecken. Lassen Sie sich nicht ins Bockshorn jagen. Vergegenwärtigen Sie dem Kunden stets, dass sich ein vermeintlich günstiges Internetschnäppchen schnell als Falle entpuppen kann.

Gewährleistung/Garantie – Die Kulanz

Die gesetzliche Gewährleistungsfrist im Fall von Reklamationen gilt generell für alle Handelstreibende. Und trotzdem gibt es Unterschiede, die der stationäre Einzelhandel für sich durchaus nutzen kann. Die gesetzliche Gewährleistung kann mit einer zusätzlichen Garantie erweitert werden. Beispielsweise kann der Verkäufer zusätzlich zu der üblicherweise gesetzlich vorgesehenen lediglich zweijährigen Gewährleistungspflicht dem Kunden ein weiteres Jahr Garantie auf das Produkt einräumen. Auch das Erbringen von kostenlosen Serviceleistungen des stationären Einzelhändlers während der Garantiezeit kann sich durchaus gewinnbringend von den regulären Angeboten der Internetanbieter wie eBay, Amazon und Co. abheben. Auch im Einzelhandel besteht zwar kein generelles Umtauschrecht, im Allgemeinen hat es sich aber eingebürgert, dass der stationäre Einzelhandel umfangreiche Umtauschmöglichkeiten, oftmals zusätzlich mit einer „Geld zurück Garantie", aus Kulanz gegenüber dem Kunden gewährt

Bei Privatauktionen, wie überhaupt beim Verkauf von gebrauchten Artikeln, wird der Umtausch hingegen in der Regel durch den Verkäufer ausgeschlossen. Ebenso sind

Garantien im Internet oft nicht in vollem Umfang gültig. Einmal ausgegebenes Geld erhält der Kunde selten zurück. Ansprüche jeglicher Form, insbesondere bei Reklamationen sind bei gebrauchter Ware und bei Privatverkäufern selten möglich und oft nur schwer durchzusetzen. Selbst der Kulanzumtausch bei schon mehrfach in Anspruch genommener Gewährleistung bei demselben Onlinehändler erweist sich für den Kunden im Regelfall als sehr schwierig. Beratungs- und Aufklärungspflichten werden durch den Internethändler oft nicht eingehalten. Meist erfolgen sie, wenn überhaupt, schriftlich in komplexem Juristendeutsch, das für den Verbraucher oft nur schwer verständlich ist. Nicht vorhandene kompetente Ansprechpartner, sowie der postalische Rücksendeprozess stiften zudem oftmals Verwirrung, Unsicherheit und Frust bei den Kunden.

Besonderer Service – Kompetenz schlägt IT
Ein weiterer Vorteil des stationären Einzelhandels gegenüber Internethändlern liegt darin begründet, dass bei anstehenden Reparaturen, Reklamationen oder Schäden der Kunde immer einen kompetenten Ansprechpartner an der Seite hat, der sich einfühlsam seiner Belange annehmen kann. Die eigene Servicewerkstatt unterstreicht die Kompetenz des Einzelhandelsunternehmens und zeigt auch damit die große Differenz zu den Angeboten von Internetanbietern. Bei Internetanbietern wie eBay oder Amazon ist auf deren Homepage im Regelfall kein Serviceportal für Reparaturen vorhanden. Die Onlinehändler selbst fungieren meist nur als Angebotsplattform und somit nur als Mittler zwischen Verkäufer und Käufer. Kompetente Ansprechpartner in Sachen Service gibt es im Internet praktisch nicht. Die offene Flanke des mangelnden Serviceangebotes ist somit für Sie als Einzelhändler Ihre argumentative Stärke gegenüber dem Konsumenten. Diese gilt es für Sie nutzen, indem Sie Ihren Kunden eine breite Palette an Serviceleistungen vor Ort anbieten und diese gegenüber Ihren Kunden auch kontinuierlich kommunizieren.

Sicherheitsrisiken – Auch hier sind Sie die Nr. Sicher
Einen Kauf im Einzelhandel nimmt der Kunde als hohes Maß an Sicherheit wahr. Erworbene Produkte im Einzelhandel sind vielfach mit Zertifizierungen versehen oder werden über spezielle Konzessionen als Originalprodukte vertrieben. Der Konsument ist sich bei einem Kauf im Einzelhandel immer der Echtheit der Produkte bewusst. Darüber hinaus ist im Einzelhandel in der Regel gewährleistet, dass die erworbenen Produkte nicht gegen gesetzliche Auflagen verstoßen und der Erwerb nicht illegal ist. Und hier liegt wohl das größte Problem bei allen Angeboten von Internetanbietern wie etwa eBay oder Amazon. In vielen Fällen muss Vorkasse geleistet werden. Das nervenaufreibende Abwarten, ob der Kunde nach der Zahlung des Preises seine Ware auch tatsächlich bekommt, hält noch immer viele Konsumenten von einem Kauf im Internet ab. Der sogenannte Doppelschlag der Unsicherheit, sprich: Geld weg und Ware nicht da, ist dabei noch nicht einmal das alleinige Gefahrenpotenzial für den Verbraucher. Zahlreiche Fragen können den Kunden hier beunruhigen. Wenn das Paket bei der Zustellung verloren geht, wer trägt das Risiko? Erhalte ich wirklich das, was ich auch bestellt habe? Handelt es sich tatsächlich um die gleiche Funktionsfähigkeit und den angepriesenen einwandfreien Zustand? Wie kompliziert ist

das Rückgaberecht oder ist es überhaupt vorhanden? Sind die Produkte mit einer Original-Herstellergarantie versehen? Sind dem Produkt alle Zubehörteile beigefügt? Sind unter Umständen Zertifikate, die versprochen wurden, auch vorhanden? Verstößt die erworbene Ware gegen geltende Gesetze, zum Beispiel den Artenschutz? Mein Fazit: Nicht nur die Anzahl der Fragezeichen, sondern vielmehr die damit verbundene Ungewissheit des Käufers, ist wohl der tatsächlich größte Nachteil beim Erwerb von Waren im Internet.

Vertrieb – Der lokale Held
Cash & Carry war Mitte der Sechzigerjahre mal der große Trend im Einzelhandel. Übersetzt bedeutet dies: Zahle und trage Deine Ware davon. Der große Vorteil des Vertriebs im Einzelhandel ist die unmittelbare Verfügbarkeit der Produkte und die günstige Erreichbarkeit des Personals bei zusätzlichen Fragen des Kunden. Die räumliche Nähe des Einzelhändlers zu seinem Kunden ist daher ein nicht zu unterschätzender Vorteil. Dadurch ist allerdings das Vertriebsgebiet des stationären Einzelhändlers auch eingeschränkt. Die Erreichbarkeit ist daran gebunden, dass der Konsument sich auch tatsächlich im nahen Umfeld bewegt. Damit ist automatisch die Anzahl möglicher Kunden auf das Einzugsgebiet beschränkt. Im Zweifelsfall ist das Vertriebsgebiet des Onlinehändlers weltweit, im Regelfall landesweit. Der großflächige Vertrieb mittels Postversand lässt hierbei keine Handelsschranken aufkommen. Im Regelfall geschieht der Versand im Online-Handel mit Postdienstleistern oder durch die Direktabholung. In beiden Fällen wird lediglich Ware übergeben, Ansprechpartner für Beratungsfragen wie Produktauskünfte sind nicht präsent.

Exkurs: Die Motivation des Kunden für einen Online-Kauf
Innerhalb von Preisverhandlungen ist es unerlässlich, die Beweggründe zu ermitteln, die einen Kunden daran hindern, ein Produkt online zu kaufen. Hierzu gibt es eine Untersuchung des ECC Handel, deren Ergebnisse in Abb. 5.1 dargestellt sind.

Zusammenfassung: Der aufstrebende Markt des Internets und seine Tücken für den Einzelhändler
An dieser Stelle des Buches möchte ich die jüngeren Entwicklungen im Onlinehandel und deren Tücken nochmals zusammenfassend für Sie darstellen. Der Onlinemarkt feiert gerade seinen Siegeszug. Für den Konsumenten ist es einfach, unkompliziert und schnell, Angebote unter den Wettbewerben einzuholen und zu vergleichen. Diese Entwicklung ist gerade für kleine und mittelständische Unternehmer eine Gefahr und oftmals die entscheidende Ursache für die endgültige Geschäftsaufgabe aufgrund mangelnder Konkurrenzfähigkeit gegenüber großen „Internet-Powersellern". Diese können, wie zuvor bereits ausgeführt, durch das große Warenangebot und oftmals durch das Nichtvorhandensein einer Geschäftsstelle und damit erheblichen Einsparungen an Lager, Personalkosten und Mieten, bessere Angebote machen als der vertraute Traditionshändler von nebenan. Bei einem rein oberflächlichen Vergleich, der sich ausschließlich auf den Preis fokussiert, wird sich der Kunde höchstwahrscheinlich für das billigere Internetangebot entscheiden.

Abb. 5.1 Barrieren für den Kauf im Internet. (Quelle: ECC Handel. Der Internet-Zahlungsverkehr aus Sicht der Verbraucher, 2011)

Barrieren für den Kauf im Internet	
Waren nicht zu sehen/prüfen	39,2 %
Schwierige Reklamation	25,7 %
Zu lange Lieferzeiten	23,7 %
Angst vor unseriösen Lieferanten	23,3 %
Fehlende Beratung/Service	22,0 %
Waren nicht billiger als sonst	18,3 %
Fehlendes Einkaufserlebnis	16,6 %
Aus Gewohnheit, stationär einkaufen	15,9 %
Angst vor Vorauskasse	13,4 %
Angst vor fehlerhafter Abrechnung	13,3 %
Fehlende Paket-Annahmemöglichkeit	12,9 %
Keine geeignete Bezahl-Methode	12,7 %
Angst vor Daten-Missbrauch	11,9 %

Lesebeispiel: 25,7 % der Befragten sehen die schwierige Reklamation als Barriere für den Kauf im Internet. Basis: n = 54, nur die Befragten, die noch keine materiellen Güter im Internet bestellt haben.

Doch genau hier wird es schwierig. Diese rein oberflächliche Betrachtung ist leider trügerisch, und in vielen Fällen birgt eben dieser niedrigere Preis erhebliche Gefahren für den Endabnehmer.

▶ **Mein Tipp für Sie** Raten Sie Ihrem Kunden gerade bei Angeboten aus dem Internet, diese detailliert unter die Lupe zu nehmen. Welche Konditionen stecken wirklich hinter diesen Offerten, die oftmals nur ein Preisangebot beinhalten?

Erst dann kann der Kunde abwägen, welches Angebot für ihn das richtige ist. Sie sollten sich immer fragen, ob das Angebot, das der Kunde im Internet gesehen hat, tatsächlich das gleiche Angebot ist, das Sie als Händler anbieten. Handelt es sich bei dem Internetprodukt tatsächlich um ein Originalprodukt? Und wenn ausgeschlossen ist, dass es ein Plagiat ist, hat der Käufer bei dem Internetangebot auch die echte Herstellergarantie? Viele Produkte sind Aufkäufe von Altwaren mit abgelaufenen oder nicht vorhandenen Herstellerzertifikaten oder fehlenden Garantiebescheinigungen. Handelt es sich bei dem im Internet gefundenen Angebot vielleicht sogar um einen Re-Import? Vielleicht sogar um Graumarktware? Graumarkt meint dabei den Handel von Originalware in nicht dafür autorisierten Absatzkanälen, wie z. B. dem Internet. Die Waren werden dabei aus anderen Ländern an dem vom Hersteller vorgegebenen Distributionskanal vorbei geschleust. So kann zwar ein günstigeres Angebot generiert werden, jedoch ist die Legalität in vielen Fällen fraglich.

Aus Erfahrung wissen Sie und viele andere Verkäufer sicherlich auch, dass Kunden das Angebot im Internet sichten und sich umfassend über das Produkt und die damit einhergehenden preislichen Vorteile informieren. Im Regelfall wird es sogar ausgedruckt und als Vorlage dem Verkäufer präsentiert. Der Kunde erwartet, dass Sie auf den gleichen Preis einsteigen. Doch warum entscheidet sich der Kunde bewusst gegen den Kauf im Internet und fordert den günstigen Internetpreis gerade bei Ihnen ein? Genau an dieser Stelle können Sie als Verkäufer ansetzen, um den Kunden von Ihrem Preis zu überzeugen und ihn über mögliche Risiken eines Internetkaufs aufzuklären und die erheblichen Vorteile Ihres Unternehmens und Ihrer Waren aufzuzeigen. Die Gefahren des Internets sind vielfältig. Nicht immer wird das, was auf einer Internetseite versprochen wird, gegenüber dem Kunden auch eingehalten.

- **Ansprechpartner für den Kunden schwer zu erreichen:** Gerade wenn Händler nicht niedergelassen sind und möglicherweise nur eine Hotline besteht, sind Ansprechpartner bei Fragen, Beschwerden oder Reklamationsanfragen oftmals nur unter sehr schwierigen Bedingungen oder gar nicht für den Kunden zu erreichen. Probleme können bereits dadurch entstehen, dass die Ware versendet werden muss. In vielen Fällen muss Vorkasse geleistet werden. Was geschieht bzw. was hat der Kunde weiter zu veranlassen, wenn die Ware nicht ankommt? Die Problematik eines unter Umständen komplizierten und langwierigen Rechtsstreits sollten Sie gegenüber dem Kunden aber nur bedingt erwähnen. Vermitteln Sie vielmehr dem Kunden das Gefühl von wahrer Zuverlässigkeit und Rechtssicherheit in Ihrem eigenen Geschäft.
- **Plagiatsgefahr:** Ein weiterer Aspekt, der nicht außer Acht gelassen werden sollte, ist die potentielle Gefahr von Plagiaten. Diese sind oftmals selbst für Fachleute auf den ersten Blick kaum vom Original zu unterscheiden. Doch welche Mühe hat der Kunde, der auf ein solches Plagiat hereingefallen ist? Hat er ein Rückgaberecht? Kommt der Kunde an den Händler, der ihm diese Ware verkauft hat, überhaupt heran? Gibt es dort einen persönlichen Ansprechpartner? Hat sich der Kunde unter Umständen sogar strafbar gemacht beim Erwerb von dubiosen Plagiaten? Auch der kundenseitige Erwerb in „gutem Glauben" und die Unwissenheit über den Erwerb eines Plagiats müssen vor Gericht immer erst bewiesen werden. Und wer möchte als Kunde schon gerne einen Rechtsstreit austragen? Sind bei einem Internetkauf tatsächliche alle Echtheitszertifikate vorhanden, die der Kunde bei einem Kauf bei Ihnen bekommen würden? Für Sie als Verkäufer sind all dies Argumente, um den Kunden vom Internetangebot wegzulocken. Ebenso verhält es sich, wie bereits angesprochen, bei der „Original-Herstellergarantie". Ist diese bei einem Internetkauf vorhanden? Habe ich im Falle eines Schadens an meinem gekauften Produkt wirklich alle Privilegien, die ich auch bei meinem Händler des Vertrauens mit „Original -Herstellergarantie" hätte? Oftmals wird dem Kunden erst dann bewusst, auf was er sich bei einem Internetkauf eingelassen hat. Solange sein erworbenes Produkt einwandfrei funktioniert, freut er sich über sein Internetschnäppchen und sieht keinen Grund, jemals wieder woanders als im Internet zu kaufen. Jedoch können genau bei diesen Schadensfällen ohne Herstellergarantie erhebliche Kosten auf den

Kunden zukommen, die sonst innerhalb der Gewährleistungsfrist bzw. Garantiedauer vom Hersteller gedeckt und komplett übernommen würden.
- **Teurer Kauf von Gebrauchtware:** Viele Fälle des Online-Kaufs sind bekannt, bei denen Ware aus zweiter Hand als neue Ware verkauft wurde. Die Ware wird hier von den Internetverkäufern aufbereitet und für den Kunden so hergerichtet, dass dieser den Unterschied zu einem neuen Produkt auf Anhieb nicht erkennen kann. Der Unterschied ist allerdings, dass das gekaufte Produkt vielleicht schon zwei oder drei Jahre in Gebrauch war und Abnutzungserscheinungen aufweist, die sich erst nach einiger Zeit der Nutzung bemerkbar machen.

▶ **Folgender Merksatz für Sie** Neuwertig ist nicht gleich „NEU".

Das Produkt kann hier unter Umständen nur noch ein Viertel des Neuwertes haben, und der Kunde hat lediglich einen Nachlass von 300 € zum Original-Neupreis bekommen. Auf den ersten Blick erscheint ihm dies als Schnäppchen, auf den zweiten Blick ist es jedoch ein Ärgernis für den Kunden, weil das Angebot des Internetverkäufers unlauter war.

- **Probleme mit den Behörden:** Weitere Probleme, die für den Kunden entstehen können, sind Probleme mit dem Zoll oder auch ganz direkt mit der Behörde für Artenschutz. Lederwaren müssen beispielsweise seit dem Washingtoner-Artenschutz- Abkommen gemäß einer ISO-Norm mit einer Artenschutzfahne ausgestattet sein, um den legalen Erwerb zu gewährleisten. Weisen die vom Kunden erworbenen Produkte diese Siegel nicht auf, gilt der Kauf als Straftat und als Verstoß gegen den Artenschutz. Diese drohenden Nachteile für den Kunden können Sie als Verkäufer wiederum als Argument nutzen, um ihn von Ihrem Qualitäts-Preis-Verhältnis zu überzeugen. Preisdifferenzen, die im Internet entstehen, haben Gründe – Gründe, denen Ihr Kunde sich unter Umständen nicht bewusst ist, weil er sein Bewusstsein dafür noch nicht geschärft hat, er zu leichtgläubig ist oder von derartigen Risiken noch nie zuvor etwas gehört hat. Klären Sie ihn auf, sachlich und kompetent. Zeigen sie die Vorzüge Ihres Unternehmens, sowie die des Produktes gegenüber einem Kauf im Internet auf. Und bestechen Sie durch zusätzliche Leistungen wie Wartung oder Instandhaltung Ihrer Produkte, die Ihr Unternehmen bieten kann, auf die Ihr Kunde jedoch bei einem Internetkauf verzichten müsste.

Die Verhandlungswelt der Strategien 6

Sowohl der Premium- als auch der Luxusmarkt und seine Kunden haben sich gewandelt. Wo sich früher nur der alte Geldadel, darunter der Erbadel, Unternehmer- und Industriellenfamilien, sowie sonstige reiche Erben hochwertige Güter erlauben konnten, hat sich heutzutage ebenso der Mittelstand etabliert. Dieser gönnt sich nach dem Vorbild der Reichen sein Stück in das eigene Budget passenden Luxus.

Traditionelle Luxusmarken wie Hermès, Louis Vuitton, Chanel, Rolls-Royce, Bentley oder Patek Philippe sind Inbegriff von selbstverständlichem Luxus der Reichen und Superreichen. Der gesellschaftliche Wandel des Verständnisses von Luxus hat nicht nur neue Luxuskunden, sondern ebenso neue Luxusmarken hervorgebracht. So gibt es mehr und mehr Marken, die durch Schlichtheit im Stil der Diskretion bestechen, anstatt durch Prunk und Protz, wie beispielsweise:

- Aston Martin
- Prada
- Tods
- A. Lange & Söhne

Dies sind Marken, die es sich zum Image gemacht haben, sich geschickt nur an leise und stilvolle Luxuskunden zu wenden – sprich: Luxus für Eingeweihte.

Genauso sind allerdings auch sehr auffällige und populäre Luxusmarken entstanden wie:

- Cartier
- Chanel
- Lamborghini
- Ferrari

- Gucci
- Versace

6.1 Unterschiedliche Ansichten über Luxusgüter

An diesen Beispielen ist gut zu erkennen, dass Premium- und Luxusgüter von jedem Konsumenten individuell wahrgenommen, interpretiert und bewertet werden. Wo Luxus für den einen Konsumenten eine Gucci-Uhr für 495 € ist, stellt für den Anderen eine Lange & Söhne Uhr aus Platin mit ewigem Kalender noch längst keinen Luxus dar, so lange in dieser keine Brillanten verarbeitet sind. Wie bei vielen anderen Beispielen auch, ist das individuelle Empfinden eines Konsumenten ganz entscheidend bei der Beurteilung hochwertiger Güter. Auch an dieser Stelle kann der Verkäufer dem Kunden in einem Verkaufsgespräch mit ein wenig Fingerspitzengefühl jedes Produkt als passend zu dessen individuellem Stil verkaufen.

Eine sich weiter entwickelnde Käuferschicht, die nicht aus den Augen verloren werden darf, sind die Einsteiger in den Markt hochwertiger Güter, die „Low-Budget"-Luxus begehren. Über Einsteiger-Premiummarken könnten sich diese Kunden über die Zeit zu „echten" Luxuskunden der höheren Preislagen entwickeln.

Es gibt folglich Premium und Luxus in allen Sparten, so individuell wie die Kunden selbst – Einsteiger-Luxus, Luxus für Eingeweihte, diskreten Luxus, auffälligen Luxus oder auch traditionellen Luxus.

6.2 Warum fragen Kunden nach Rabatt?

Doch was hat Luxus mit Schnäppchenjägern, Smartshoppern und Rabatteinkäufern zu tun? Und warum sind gerade die Kunden, die sich hochwertige Güter leisten können, jene, die nach Rabatt fragen?

6.3 Die Typologie der Kunden – eine Mentalitätsfrage

Getreu dem Motto: Andere Länder, andere Sitten, ist auch das Rabattverhalten einiger Kulturen im Vergleich zu anderen von Grund auf verschieden. So gilt es zum Beispiel in morgenländischen Kulturkreisen sowie im Orient als äußerst unfreundlich, wenn man nicht um den Preis handelt. In Arabien ist das Handeln Sitte, bei uns hingegen wird es oftmals als Unkultur angesehen. So wie es unterschiedlichste Länder gibt, so gibt es auch unterschiedlichste Kunden und damit einhergehend zahlreiche Kundenmentalitäten.

Aus diesem Grunde sollte man die Typologie der Kunden einmal näher betrachten.

6.3 Die Typologie der Kunden – eine Mentalitätsfrage

▸ Kunden, die in einem Verkaufsgespräch nach Rabatt fragen, tun dies entweder kulturbedingt, wie z. B. Araber und Chinesen, oder berufsbedingt, da sie z. B. selbst Verkäufer anderer Produkte sind und somit die Rabattforderungen ihrer Kunden kennen und für sich entdeckt haben.

Kunden, die grundsätzlich nach Rabatt fragen, wissen entweder …

- dass der Verkäufer immer einen Preisnachlass einräumt oder
- hatten bislang immer Erfolg mit der Frage nach Rabatt, da die Gewährung von Rabatt für den Kunden eine Bestätigung seines Verhaltens ist.

Kunden, die nicht nach Rabatt fragen,…

- fragen nicht, weil sie gar keinen Rabatt wünschen.
- wurden so erzogen, dass die Frage nach Rabatt unangemessen ist.
- können es nicht, da es ist ihnen unangenehm ist.

Doch wie genau sind die auffälligsten Rabattkunden und ihre Verhaltensweisen zu kategorisieren? Zunächst einmal die Erfahrungswerte aus Langzeitstudien über die verschiedenen Rabatt-Kundentypen.

Der – vermeintlich – naive Schauspieler
Dieser Kunde stellt viele Fragen, wirkt Hilfe suchend, sammelt alle Informationen, um dann seine Rabattstrategie spontan zu entwickeln.

Der Smartshopper – die Sorte clever
Der Smartshopper signalisiert Einkaufsfreude, kennt die Produkte, die er erwerben will en détail und hat bereits zahlreiche Preisangebote vorab eingeholt. Er will sich gegenüber dem Verkäufer als zukünftiger Dauer-/Stammkunde zu erkennen geben. Er hat eine sehr aufgeklärte und geradlinige Art um Preisnachlass zu bitten oder um den Preis hart zu verhandeln. Der Warenkorb-Smartshopper z. B. hat eine Vielzahl von Kaufwünschen, informiert sich regelmäßig über die Preise und kauft erst dann, wenn der von ihm gewünschte Preis auch tatsächlich verfügbar ist.

Das Kauf-Duo – zu zweit gegen den Verkäufer
Unter zwei oder mehreren Kunden entsteht ein Dialog, aus dem der Verkäufer seine Rabatthöhe herleiten soll. Der eine stellt unerfüllbare, sogar unverschämte Rabattforderungen, der andere versucht, zwischen Verkäufer und Kunden zu vermitteln.
   Eine geradezu perfekt inszenierte Mitleidstour führt dann oftmals zu hohen Rabatten, weil der Verkäufer die unangenehme Situation beenden will. Dies wird im Folgenden

noch deutlich verfeinert, da Strategien und Gegenstrategien aufeinander abgestimmt werden sollten.

> **Bitte verdeutlichen Sie sich an dieser Stelle eins** Kunden kaufen Waren und keine Rabatte!
> Verkäufer verkaufen Waren und keine Rabatte!

Es entsteht hier vielleicht an vielen Stellen der Eindruck, dass es ohne Rabatte heute nicht mehr geht und das mag an einigen Stellen auch so sein, jedoch kommt es hier entscheidend auf die Höhe an! Drei Prozent Skonto beim Einkauf beispielsweise sind keine neue Erfindung. Sie wurden auch schon in früheren Zeiten, als das Rabattgesetz noch galt, gewährt – allerdings nur bei Barzahlung – ohne Kreditkarte.

6.4 Der kulturelle Hintergrund der Rabattargumentationen

Wenn man sich mit der Rabattargumentation eines Kunden auseinandersetzt, sollte man diese vor dem dazugehörigen Kontext betrachten. Jede Argumentation beim Einfordern eines Rabattes hat einen individuellen Hintergrund und anders gearteten kausalen Ursprung.

Die arabische Handelskultur – das Handelsgeschäft als sozialer Austausch
Zurück zur arabischen Handelskultur. Wenn man sich mit der arabischen Handelskultur auseinander setzt, stellt man fest, dass das Handeln hier nicht ausschließlich der besten Preiserzielung gilt, sondern ein kulturell fest verwurzeltes Element der Kommunikation ist. Es werden Geschichten und Informationen beim Kauf ausgetauscht und auf diese Weise soziale Kontakte geknüpft und verstärkt.

Der Handel im europäischen Raum
Diese Kultur der Kommunikation und des Handelns ist bei uns im mittel- oder nordeuropäischen Raum unüblich, und innerhalb eines Verkaufsgespräches erscheint sie befremdlich. Bei einzelnen Argumentationen der Kunden bezüglich des Preises haben Verkäufer allerdings auch hierzulande oft den Eindruck, sich auf einem arabischen Markt zu befinden.

Hauptsächlich zu betrachten und für uns von Relevanz ist die Entwicklung Europas im Hinblick auf Rabatte.

Shoppen, immer schneller, billiger und hektischer; eine Rabatt- und Discountmentalität herrscht in den Köpfen der Menschen vor. Erlebniseinkaufparks und Outlet-Stores dominieren gegenüber den Innenstädten und traditionellen Einkaufsstraßen – das ist der Trend in Europa. Die „ALDIsierung" der Gesellschaft schreitet fort. Doch fragt bei Aldi keiner nach Rabatt, weil keine geeigneten Argumente gegeben sind – Aldi entkräftet die Rabattargumente seiner Kunden schon vor dem Kauf:

6.4 Der kulturelle Hintergrund der Rabattargumentationen

- Keiner ist günstiger (Preisführerschaft)
- Ladeneinrichtung – die blanke Armut (auf das Nötigste reduziert)
- Verkauf aus dem Karton (Abverkauf, Lagerbestände minimiert/Tendenz gegen Null)
- Nur das wichtigste Angebot – ca. 400 Artikel (für den alltäglichen Gebrauch)

Dieses Konzept als Ganzes wird durch aggressives Marketing glaubhaft untermalt, indem Aldi seinen Kunden bei Top-Produkten wie Computern sehr gute Qualität zum günstigsten Preis bei einem begrenzten Angebot anbietet. Dies überträgt der Kunde auch auf viele der übrigen Produkte. Ein zu beobachtendes Resultat ist: Die Kunden stehen Schlange an der Kasse und keiner fragt nach Rabatt! Das klassische Low-Involvement hat demnach keine Rabatte nötig.

▶ **Folgender Merksatz für Sie** Bedeutend ist also nicht der tatsächliche Warenwert, sondern in erster Linie der individuelle, vom Kunden rational und emotional geprägte Wert eines Produktes.

Daraus lässt sich folglich ableiten, dass es Produkte und Produktgruppen gibt, bei denen der Kunde sich schon vor dem Kauf darauf eingestellt hat, dass …

- es keine Rabatte gibt.
- er nicht nach Rabatt fragt.
- er immer nach Rabatt fragt.

Globaler Gesellschaftswandel führt zu unterschiedlichen Gepflogenheiten
Kaufkulturen und die damit verbundenen Verhaltensweisen der Kunden ändern sich stetig und sind Teil des natürlichen Prozesses des Gesellschaftswandels. Schwellenländer werden zu Industrienationen und kommunistische Regime wandeln sich zu kapitalistischen Staaten mit freien Märkten. Damit verändert sich auch die Wahrnehmung und das Verhalten einer sich anpassenden und mit entwickelnden Gesellschaft stetig. Länder wie Indien, China, Japan, aber auch Russland sind veranschaulichende Beispiele dafür.

Beispiel Japan
So hat Japan eine, für Europäer äußerst komplex anmutende, traditionelle Kaufritualkultur, die unter anderem auch durch eine breite Vielfalt von angebotenen Waren besticht. In früheren Zeiten reiste hier der Verkäufer mit allen Waren zu seinen Kunden. Die Verkaufsgespräche wurden mit einem schier unvorstellbaren Zeitaufwand vollzogen – Teezeremonien mit ausführlichsten Diskussionen um Nutzen, Leistung und Emotionen waren fester Bestandteil. Das neue Japan lässt aus Zeit- und Kostengründen solche Kaufrituale immer mehr verschwinden und passt sich dem rastloser werdenden Zeitgeist an.

Abb. 6.1 Ihre persönlichen Erfahrungswerte. (eigene Darstellung)

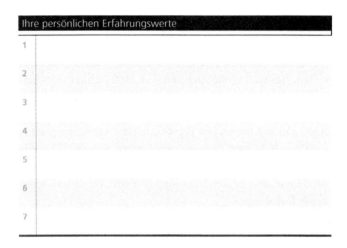

Exkurs: Nennen Sie Ihre Gründe für Rabatte

Um die Vorstellungen Ihrer Kunden zu überprüfen, betrachten wir nun Ihre Erfahrungswerte als Verkäufer näher. Nennen Sie bitte an dieser Stelle aus Ihrer Erfahrung die häufigsten Argumente, die Ihre Kunden nennen, um einen Rabatt von Ihnen zu erhalten (Abb. 6.1).

Auswertung

Auf Grundlage der Auswertung der Angaben zahlreicher von mir befragter Verkäufer erfolgt hier eine Zusammenstellung der häufigsten Fragen um das Thema Rabatt seitens potentieller Käufer:

- Wie ist Ihr Preis für diesen Artikel?
- Warum kann einer Ihrer Mitbewerber X Prozent Rabatt einräumen?
- Wie viel muss ich dafür bezahlen?
- In der Zeitung stand: „Auf Ware A erhalte ich 25 %".
- Ich habe letzte Woche auch schon gekauft – was jetzt?
- Kann man bei den Preisen noch etwas machen?
- Ich zahle bar.
- Ich habe ein günstigeres Angebot aus dem Internet.
- Ich habe beim letzten Einkauf auch schon X Prozent bekommen.
- Bei Ihrer Kalkulation können sie doch leicht X Prozent einräumen.

Viele dieser Fragen und Aussagen werden Verkäufern aus dem alltäglichen Geschäft bekannt vorkommen. Einige erscheinen harmlos, andere wiederum dreist und abgezockt. Die einzig wichtige Frage hierbei ist allerdings, wie der Verkäufer auf diese Strategien reagiert und sie entschärft. Für jede dieser Rabattfragen gibt es eine Abwehrmethode, die es dem Verkäufer ermöglicht, sich nicht aus dem Konzept bringen zu lassen und einen Preisnachlass gekonnt zu mindern oder zu vermeiden.

6.5 Typische Kundenrabattstrategien

In diesem Buch sind nur die gängigsten Rabattfragestrategien der Konsumenten aus der Praxis erwähnt, denn die Vielfalt der Fragetechniken kennt fast keine Grenzen und ist in genauso facettenreich wie die Frager selbst. Um eine Gliederung vorzunehmen, habe ich die Rabattfragen nach ihrer Intention geordnet und in eine überschaubare Anzahl von sieben verschiedenen Kundentypen eingeteilt.

Nach Erstellung dieser Liste musste ich allerdings feststellen, dass aus dieser Zuordnung keine zufriedenstellende Rangfolge der Häufigkeit des Vorkommens der Rabattfragen hervorging. Somit konnte folglich auch keine Skalierung der Häufigkeit des Vorkommens bestimmter Kundentypen vorgenommen werden. Daraufhin wurde eine neue empirische Befragung durchgeführt, die in dieser Hinsicht ein klares Ergebnis lieferte (s. Abb. 6.2).

Allerdings gab es bei der Auswertung der Ergebnisse durchaus Differenzen in der Auffassung, welche Frage welcher Strategie zuzuordnen ist. Die Prozentangaben sind daher nicht absolut zu sehen. Die Rangfolge zeigt dennoch eindeutige Ergebnisse.

Die korrekten Frager als Direktfrager dominieren
Wie aus der Betrachtung der empirischen Ergebnisse deutlich geworden ist, formuliert der überwiegende Teil der Kunden die Frage nach Rabatt absolut korrekt. Rabattprofis bereiten sich auf ein bevorstehendes Verhandlungsgespräch gut vor, indem sie relevante Informationen zum Kauf vorab einholen. So wie es Lektüre und Fachliteratur über Möglichkeiten zur Abwehr von Rabatten gibt, gibt es solche auch für Kunden, die sich einen Überblick über geeignete Rabattfragestrategien verschaffen wollen. Der Verhandlungsprofi tritt im Regelfall äußerst freundlich und sehr kommunikativ auf und verwendet nicht selten äußerst clevere Strategien zur Erreichung seines Rabattziels.

Abb. 6.2 Kundennachfragestrategien in der Reihenfolge der Häufigkeit ihres Auftretens. (eigene Darstellung)

	Kundennachfragestrategien	in %
1	Direktfrager	54,0
2	Behauptungsfrager	18,4
3	Erfahrungsfrager	11,2
4	Viel-Versprecher	8,9
5	Mitleidsfrager	5,1
6	Dreiste Frager	2,2
7	Unkorrekte Frager	0,2
	Gesamt	**100,0**

Verkäufer können Rabattfragertypen recht einfach erkennen
Weitere relevante Informationen konnten bei der Befragung von Mitarbeitern im Verkauf gewonnen werden. Nach den Ergebnissen der Befragung fiel es zum Einen keinem Verkäufer schwer, die einzelnen Rabattfragertypen zuzuordnen, bei den Kundennachfragestrategien aber gab es bei der Zuordnung Unterschiede. Zum Anderen ergab sich aus den Erfahrungswerten von Verkäufern häufig, dass Kunden, die auf ihre direkte Rabattfrage ein aus ihrer Sicht zu schlechtes Angebot erhielten, häufig dreist antworteten, z. B. mit „Woanders bekomme ich mehr Rabatt" („einen besseren Preis", etc.).

Die Erkenntnis über gängige und sich wiederholende Reaktionen der Kunden eröffnet dem Verkäufer mögliche Handlungsansätze, mit denen auch Sie als Leser sich zwangsläufig auseinandersetzen sollten, wenn Sie erfolgreiches Verhandeln lernen wollen. Das einfache Motto „Kundenrabattstrategie kontra Verkäuferabwehrstrategie" reicht an dieser Stelle leider nicht aus.

Vielmehr sollten Sie sich im Folgenden sehr intensiv mit den Strategien Ihrer Kunden auseinander setzen, diese analysieren und verstehen, um angemessen darauf reagieren zu können. Daneben sollte die Reaktion der Kunden auf aus ihrer Sicht unbefriedigenden Rabattangeboten richtig aufgefasst werden, da diese das Verhandlungsklima im weiteren Verlauf sehr negativ beeinflussen können. Der beste Ansatz des Verkäufers ist daher sicherlich, den Kunden richtig zu verstehen, *bevor* auf seine Preisvorstellung unüberlegt eingegangen wird. Das Problem allerdings, das sich hierbei häufig ergibt, ist, dass der Verkäufer in den seltensten Fällen wissen kann, ob er den Kunden auch wirklich richtig versteht und einschätzt. Diese Interaktion erfordert daher an vielen Stellen sehr viel Menschenkenntnis und Fingerspitzengefühl seitens des Verkäufers, um zu einem für beide Seiten zufriedenstellenden und aus ökonomischer Sicht optimalen Ergebnis zu finden.

Der Direktfrager
Als Direktfrager bezeichnet man gemeinhin den Kunden, der ohne Umschweife direkt auf den Punkt, sprich auf die Rabattfrage, zu sprechen kommt. Dieser Kunde ist auch erfahrungsgemäß derjenige, der am häufigsten die eigenen Fragetechniken in einem Verkaufsgespräch einsetzt. Wenn man als Verkäufer nach den Gründen für die Verwendung der „direkten Fragestellung" sucht, so ist das Ergebnis oftmals sehr einfach: Es ist eben die Schlichtheit und Geradlinigkeit der Fragetechnik, die ein schnelles und ebenso unkompliziertes Ergebnis verspricht. Mit der „direkten Frage" nach Rabatt signalisiert der Kunde aber gleichzeitig, dass er

- wenig Lust
- wenig Verhandlungsgeschick
- und sich bereits zum Kauf entschlossen

hat. Anhand des Praxisteils werden Sie im Weiteren erkennen, dass tatsächlich, je nach Art der Rabattfrage des Kunden, gezielt Abwehrstrategien eingesetzt werden können, um diese geschickt zu neutralisieren.

Der Behauptungsfrager

Der aus Erfahrungswerten zweithäufigste Rabatt-Kundentypus – gleichzeitig auch der mit der größten Vielfalt an Fragetechniken – ist der Behauptungsfrager. Aus der Erkenntnis des Verkäufers, dass ein solcher Kunde lediglich etwas behauptet, das nur in den seltensten Fällen tatsächlich der Realität entspricht, liegt der wichtigste Ansatzpunkt für die Gegenstrategien des Verkäufers selbst. Denn die Behauptung eines Kunden lässt sich mit Hilfe einer vorsichtig abgestuften Fragetechnik ergründen, klarstellen und – ohne den Kunden bloß zu stellen – auch aushebeln. Der Behauptungsfrager ist zäh in seiner Forderung nach Rabatt und wechselt im Regelfall seine Strategie häufig und schnell, um zu seinem Ziel, einem Preisnachlass zu gelangen. Erkennen Sie den Wechsel in eine andere Fragestrategie, sollten Sie versuchen, direkt in die Angebotsstrategie – in kleinen Schritten – überzugehen. Gerade die Vielzahl der Fragetechniken lässt die Vermutung aufkommen, dass der Konsument hier besonders viel Kreativität und Einfallsreichtum mitbringt, damit aber auch wenig an Realitätssinn.

Der Erfahrungsfrager

Diejenigen Kunden, die im Gegensatz zu den Behauptungsfragern bereits viele Erfolge mit Ihren Rabattnachfragestrategien bei Verkäufern erzielen konnten, zählen meist zu den Erfahrungsfragern. Diesem Fragetypus sind zudem auch zahlreiche ausweichende Erklärungen von Verkäufern bekannt, die er durchaus zu ignorieren oder gar erfolgreich zu kontern weiß. Der Erfahrungsfrager ist sich aber auch der Tatsache bewusst, dass er mit seinen Strategien nicht immer Erfolg hat. Das direkte ablehnende „Nein" ohne Kommentar steckt er schmerzlos und ohne Widersprüche ein und geht. Ein gut begründeter Widerspruch dagegen, kann die Basis eines Verhandlungsdialoges zwischen Verkäufer und Kunden um Preis und Leistung oder Nutzen und emotionalen Mehrwert sein. Der Erfahrungsfrager weiß aus seiner fundierten Erfahrung, dass die Erfolgschancen bei einer einfachen stringenten direkten Frage bei 50:50 liegen.

▶ **Der Erfahrungsfrager** Ja = Glück gehabt (Erfolg)
    Nein = Pech gehabt (Misserfolg)

Eines ist jedoch sicher: Ihr Verhandlungspartner probiert sein Glück bei Ihnen auf jeden Fall. Demzufolge sind die Fragen des Erfahrungsfragers intelligenter und begründeter als die vieler anderer Kundentypen und folgen in vielen Fällen einem durchdachten System.

Der Viel-Versprecher

Aus vielen Erfahrungswerten weiß man, dass man den Viel-Versprecher in den seltensten Fällen beim Wort nehmen kann. Jedoch sollte ihm dennoch stets professionell, freundlich und sachlich begegnet werden. Die Strategie des Viel-Versprechers basiert auf dem Suggerieren weiterer, zukünftiger Käufe. Dabei kann es vorkommen, dass dem Verkäufer auch bereits direkt mögliche Kaufanlässe genannt werden. Im Regelfall können diese zukünftigen Käufe aber bezweifelt werden, die Ankündigung dient hierbei offensichtlich nur der Erlangung eines hohen Rabattes. Der Viel-Versprecher versucht damit, den Verkäufer hinsichtlich der Kaufabnahmemenge zu irritieren. Die Strategie des Verkäufers sollte daher darauf ausgerichtet sein, die Versprechungen des Kunden anzunehmen und ihn gleichzeitig darauf zu verpflichten. Spätestens wenn der Kunde sich zu dem Gesagten bekennen soll, es aber nicht kann, wechselt er sofort die Strategie. In diesem Bruch während des Verhandlungsgesprächs besteht die Chance für den Verkäufer, sofort zu einer der Angebotsstrategien zu wechseln und sich in kleinen Schritten seinem Ziel zu nähern.

Der Mitleidsfrager
Mitleidsfrager verwenden eine, rein objektiv betrachtet, bedauernswerte Strategie, auf die kein erfahrener Verkäufer hereinfallen sollte. Dabei versucht dieser Kunde dem Verkäufer hinsichtlich des Preises ein schlechtes Gewissen zu machen, um so bei ihm Mitleid zu wecken. Er macht beispielsweise Andeutungen, wie teuer heutzutage alles geworden sei, und wie schwer er sein Geld verdienen müsse. Allerdings gilt zu bedenken: Handelt es sich bei Kunden wirklich um Personen, die Mitleid verdienen? Nüchtern betrachtet ist ein Kunde lediglich ein Konsument eines Produktes, der hier versucht, über die Mitleidstour einen Rabatt zu erlangen. Aber auch hier gilt, dass Sie ordentlich und korrekt antworten müssen und dem Kunden signalisieren sollten, dass er mit dieser Strategie einerseits keinen Erfolg haben wird, aber andererseits sollten Sie so feinfühlig reagieren, dass er sich nicht vor den Kopf gestoßen fühlt.

Der dreiste Frager
Dieser Typ Kunde sollte den meisten Verkäufern aus eigenen Erfahrungen ebenfalls bekannt sein. Der Kunde, der einfach dreist nach Rabatt fragt. Auf solche Fragen – vor allem wenn sie geschickt gestellt werden – ist der Verkäufer nicht immer vorbereitet, da der Kunde ihn mit seiner dreisten Frage meist aus dem Konzept bringt. Dieser Überraschungseffekt vergrößert häufig die Chancen des Kunden, sein Ziel eines Preisnachlasses zu erreichen. Mitarbeiter im Verkauf sollten dem Kunden allerdings an dieser Stelle ruhig, souverän und besonnen antworten. Würde der Verkäufer ebenso dreist reagieren, und ließe er sich auf die Kundenstrategie ein, so würde eine Abwärtsspirale entstehen, die letztendlich zum Kommunikationsbruch zwischen Verkäufer und Kunden führen würde. Sollten Sie als Verkäufer dennoch einmal mit einer derart dreisten Fragestellung konfrontiert werden, dass es Ihnen glatt die Sprache verschlägt, hilft es, sich zunächst Zeit zu verschaffen, um nicht unüberlegt oder überhastet zu antworten.

> ▶ **Mein Tipp für Sie** Überhören Sie die Frage schlichtweg und klären Sie den Kunden über die Vorteile seines Kaufes auf.

Auf die dreiste Rabattforderung sollten Sie erst dann antworten, wenn der Kunde es schon nicht mehr erwartet. So erkennt er, dass Sie sehr wohl ein aufmerksamer Zuhörer sind, aber bei dieser Art dreister Fragestellung nicht mitspielen. Ihre verzögerte Antwort bringt hingegen meist den dreisten Fragesteller aus dem Konzept, der sich überführt fühlt und anschließend nicht wieder so schnell einen neuen Versuch starten wird. Das Empfinden von Dreistigkeit ist natürlich rein subjektiv. Was bedeutet hier also wirklich „dreist"? Nicht immer ist das, was auf eine andere Person dreist wirkt, auch wirklich so gemeint. Es können sich z. B. auch mangelnde Argumentationsfähigkeit, Kommunikationsdefizite oder Verhandlungsverdrossenheit hinter scheinbarer Dreistigkeit verbergen. Der Verkäufer kann in diesem Fall auch hier auf die Fragestrategie zurückgreifen, um zu sehen, ob der Kunde sich weiterhin so benimmt, oder ob die dreiste Frage eine gezielte Strategie war oder vielleicht nur ein vom Verkäufer falsch interpretierter Einwand. Im Regelfall hat der Kunde aber nur eine einzige dreiste Fragestellung parat. Wer sie angemessen beantwortet, wird erkennen, dass der Kunde sich bald wieder den klassischen Verhandlungswerten um Nutzen und Qualität des Produktes zuwenden wird.

Der unkorrekte Frager
Ethisch oder moralisch unkorrekte Fragen nach Rabatt sind in der Realität selten und hin und wieder auch recht amüsant, aber es gibt sie. Dabei meint der Kunde das, was er mit seiner Frage ausdrückt, im Regelfall häufig nicht ernst. Unkorrekte Rabattfragen können in der Praxis zum Beispiel sein, dass der Kunde nach einem Preisnachlass von 500 € fragt und dem Verkäufer anbietet ihm davon 100 € abzugeben – mit dem Zusatz, dass der Chef davon nichts erfahren müsse. Aber auch hier gilt, dass auf unkorrekte Fragen keine unkorrekten Antworten folgen dürfen, um keinen unnötigen Vertrauensbruch im Verhandlungsgespräch herbeizuführen. Allenfalls, wenn es der Situation angemessen ist, kann eine humorvolle Antwort erfolgen. Dem Kunden muss verdeutlicht werden, dass er auf diese Art keine Chance hat, einen Preisnachlass zu erhalten. Ein Strategiewechsel wird Sie dabei unterstützen.

7 Erfolgreiche Abwehrstrategien

7.1 Grundlagen

Oftmals kommt es bei Preisverhandlungen zu größeren Problemen und Unstimmigkeiten der Parteien, die erfahrungsgemäß aus Fehlern resultieren, die bereits innerhalb des Verkaufsgesprächs begangen wurden. Diese Einschätzung stammt aus der Analyse von Erfahrungswerten von Mitarbeitern im Verkauf. Ein häufiger Fehler passiert beispielsweise bei der Präsentation des Wertes des Gegenstandes, der verkauft werden soll. Werte der Ware werden dem Kunden oftmals nicht richtig oder nicht angemessen erklärt und nahegebracht. Diese, zwar marginalen, aber dennoch die Verkaufsverhandlung störenden Fehler können den Rahmen der Preisverhandlungen stark und nachhaltig beeinträchtigen und sind daher tunlichst zu vermeiden.

Die Auswirkungen von Fehlern des Verkäufers während der Preisverhandlung
Sehr viel schwerer wiegen allerdings Fehler, die direkt während der Preisverhandlung begangen werden, da diese im Gesprächsverlauf selbst so kurzfristig nicht mehr korrigiert und ausgeglichen werden können. Deshalb ist es wichtig, souverän zu bleiben und auf die verschiedensten Strategien des Käufers überlegt und angebracht zu reagieren.

Die Fehler des Kunden während der Preisverhandlung
Doch nicht nur der Verkäufer sondern auch der Kunde macht Fehler in einem Verhandlungsgespräch. Erkennen Sie solche, ist es relativ einfach, dessen Rabattargumente zu entkräften. Der Verkäufer kann an dieser Stelle leicht seine Machtposition als Besitzer der Ware ausspielen und den Kaufwunsch des Kunden zu seinem Vorteil innerhalb der Argumentation verwenden. Trifft allerdings ein „Profikunde" auf einen unvorbereiteten, dilettantischen Verkäufer, gestaltet sich die Verhandlung schon deutlich schwieriger. Da-

her sollte der Verkäufer sich vorab sorgfältig mit den Argumentationen der Kunden auseinander gesetzt haben, um im „Ernstfall" gekonnt reagieren zu können.

Die typischen Argumentationsstrategien der Kunden im Hinblick auf ihren Wahrheitsgehalt

Dieser Teil des Buches bereitet schon ein wenig auf die Praxis vor und gibt an vielen Stellen Hinweise auf ein angemessenes Verhalten bei Preisnachlässen. Nur, wie stelle ich das an, werden Sie sich sicherlich fragen! Zu Recht!

Aus diesem Grund stelle ich Ihnen daher zunächst einmal die praxiserprobten Argumentationsstrategien der Käufer exemplarisch vor.

Nicht prüfbare Argumentation des Kunden

- „Listenpreise haben doch nur informativen Charakter."
- „Ich kaufe da, wo es den höchsten Rabatt gibt."
- „Dieses Produkt gab es bei einer Börse 500 € günstiger."

Schwer überprüfbare Argumentation des Kunden

- „Meine Freundin hat bei Ihnen 20 % bekommen."
- „Vor fünf Jahren bekam ich aber 20 %."
- „Ich habe so viele Freunde, die auch kaufen wollen."
- „Wo anders bekomme ich 25 %."

Leicht überprüfbare Argumentation des Kunden

- „Auf diese Ware bekommt man aber immer 25 %."
- „Ihr Geschäftsführer hat gesagt, ich bekomme mindestens 10 %."
- „In Ihrer Filiale in Essen bekomme ich aber 20 %."
- „Im Ausland bekomme ich die Ware günstiger."
- „Ich habe gehört, Sie haben Hauspreise."

Erlogene oder dreiste Argumente des Kunden

- „Auf Rolex-Uhren erhalte ich 50 %."
- „Sie haben 300 % Aufschlag."
- „Ich habe schon ein Superangebot direkt vom Hersteller."

Das alles haben Sie gewiss bewusst oder unbewusst schon einmal erfahren. Ich erwähne es aber trotzdem, um zu verdeutlichen, wie wichtig die richtige Strategie im Verhandeln um den Preis ist.

7.2 Das Verhandlungsgespräch und seine Fallen – Die Herausforderungen an Sie als Verkäufer

Die Argumentationen der Kunden sind vielfältig, in der Regel aber dennoch gut begründet und durchaus in ihrer Stringenz verständlich und nachvollziehbar. Entscheidend ist an dieser Stelle daher die Qualität der Verhandlungstechnik des Verkäufers als Reaktion auf derartige Argumente. Verhandeln heißt hier nicht, den bekannten Rabattforderungen der Kunden mit den üblichen, standardmäßigen Antworten zu begegnen, sondern vielmehr individuell auf eine Herausforderung zu reagieren. Verhandeln heißt ferner, sich in die Argumente und Denkweisen der Kunden hineinzuversetzen, sie zu verstehen und überzeugend und glaubwürdig zu entkräften. Der Verkäufer kann erst adäquat reagieren, wenn er der Forderung des Kunden Verständnis entgegenbringt. Verhandeln heißt auch, dass beide Verhandlungspartner einander verstehen, um so zufrieden aus dem Gespräch gehen zu können. Dabei reicht die oftmals angewandte Kosten-Nutzen-Argumentation bei weitem nicht aus. Diese greift nämlich nur an der materiellen Seite der Argumentationskette, nicht aber an der emotionalen Seite. Die Vermittlung von emotional spürbarer Wertschätzung ist gerade im Verkaufsgespräch von äußerster Wichtigkeit (s. o.).

Ein kleiner Hinweis
Wer sich mit der richtigen „Produktpräsentationstechnik" auseinandergesetzt hat, weiß die Bedeutung der Körpersprache zu schätzen.
Hinsichtlich der Wirkung auf das Gegenüber ist

1. 80 % Körpersprache, aber nur
2. 20 % Spracheinsatz (andere Untersuchungen gehen sogar von nur 7 % aus)

wirklich relevant. Umgekehrt kann jedoch 20 % falscher Spracheinsatz zu 100 % Misserfolg führen.
Die verhandelnden Akteure sind während der Interaktion selbst Sparringspartner und sollten im Verhandlungsgespräch fair miteinander umgehen. Doch wie wir im Voraus bereits gesehen haben, wird der Verkäufer häufig mit Argumenten konfrontiert, die er nur mit großer Mühe oder im schlechtesten Falle gar nicht überprüfen kann. Gerade dann ist die Wahl der richtigen Worte für eine angemessene Reaktion, um sein Gegenüber nicht zu verstimmen, besonders wichtig.

Den Preisbezug des Kunden verstehen lernen
Es ist bedeutend zu wissen, dass sich der Kunde mit Aussagen wie „Das ist aber teuer" immer auf einen hohen Preis bezieht, nicht aber auf den Preis in Relation zum Wert der Ware. „Billig" allerdings steht nicht für den Preis, sondern für die Qualität der Ware. Bezeichnet ein Kunde etwas als „teuer", haben wir mehrere Reaktionsmöglichkeiten auf diese Aussage:

Abb. 7.1 Die Sprachwerkzeug des Verkäufers (eigene Darstellung)

Die Sprachwerkzeuge des Verkäufers	
Begriff	**Variante**
Preis	Wert
Zahlen	Wert sein
Kaufen	Erwerben
Ohne Berechnung	Schenken/gratis erhalten
Geben	Offerieren
Geben	Überreichen

▶ **Mein Tipp für Sie**
- „Ja, dieser Gegenstand ist besonders wertvoll."
- „Ja, es handelt sich um ein prestigeträchtiges Produkt."
- „Ja, Sie bieten damit Ihrer/m Frau/Mann ein außergewöhnliches Geschenk."
- „Ja, es ist ein sehr guter Erwerb."
- Durch ein „Ja" dem Kunden Verständnis signalisieren

Das „Ja" zu Beginn des Satzes kann der Kunde als Bestätigung seiner Feststellung sehen oder auch als Zeichen der Aufmerksamkeit des Verkäufers. Alle Varianten tragen, wie auch immer sie interpretiert werden, zu einem positiven Gefühl innerhalb des Gespräches bei. Stellt der Verkäufer das „Ja" in Frageform, signalisiert er dem Kunden nicht nur Verständnis für dessen Frage, sondern auch Aufmerksamkeit für dessen Argument – damit schafft er eine gute Atmosphäre und somit einen Gesprächsraum, in dem seine Argumente Gehör finden werden. Dabei hat eine geschickte Wortwahl immens großen Einfluss auf den Gesprächsverlauf bzw. dessen Ergebnis. Sie sollten daher die Eigenschaft der deutschen Sprache, für einen Sachverhalt verschiedene Bezeichnungen zuzulassen, nutzen:

Ein Verkäufer muss an dieser Stelle seine Sprachwerkzeuge kennen und beherrschen (s. Abb. 7.1).

„Wie ist Ihr Preis?" – „Der Wert beträgt…": So oder ähnlich sollte der Verkäufer auf eine solche Frage reagieren, um den Kunden weg vom Materiellen und hin zur emotionalen Wertevermittlung zu bringen. Bringt ein Kunde das Wort Rabatt ins Spiel, sollte der Verkäufer betonen, dass es ihm ein Vergnügen ist, das folgende Angebot individuell auf den Kunden zuzuschneiden. Dabei sollte er einen Dialog nie mit der Nennung des Preises beenden:

„**Der Wert beträgt… und dafür erhalten Sie…**": Solange ein Kunde die Worte „Rabatt" bzw. „Discount" oder „Preisnachlass" nicht explizit erwähnt, obwohl er mit einer Frage nach dem Preis sicherlich einen Solchen erreichen will, sollten auch Sie als Verkäufer diese Begriffe vermeiden und das Thema von vornherein gekonnt umschiffen.

Das Motiv hinter dem Rabatt

Ebenfalls ist es wichtig zu erfahren, warum der Kunde Ihnen die Frage nach einem Rabatt gestellt hat. Sie könnte schließlich auch daher rühren, dass Sie im Vorfeld vergessen haben, sich nach seiner Kaufmotivation zu erkundigen, ob sich sein Interesse z. B. auf ein Geschenk für die Familie oder die Ehefrau richtet. Diese Gründe würden auf einen emotionalen Kaufanlass deuten und der geschickte Verkäufer könnte aus diesem Wissen heraus die zu beschenkende Person behutsam in das Gespräch mit einbinden: „Da wird Ihre Frau/Tochter sich aber freuen, von Ihnen zum Geburtstag…".

Das Gesprächsklima verbessert sich, wenn nicht nur das Interesse des Verkäufers am Verkauf im Vordergrund steht, sondern auch das des Kunden an der Erfüllung seines Kaufwunsches. Gleichzeitig sollte in jedem Fall auch der Kaufanlass oder das Kaufmotiv mit in die Verhandlungen eingebunden werden.

Bei einem **Verpflichtungskauf**, zum Beispiel bei einem Jubiläum, steht ein offizieller Anlass im Vordergrund. Es sollte daher immer durch den Verkäufer erfragt werden,

- für wen,
- zu welchem Anlass,
- zu welchem Termin,
- warum bei ihm

etwas erworben werden soll. Diese Informationen helfen dem Verkäufer zum Einen dabei, seinen Kunden perfekt und individuell zu beraten, zum Anderen, dem jeweiligen Anlass entsprechend, Kosten und Nutzen eines Produktes zu erläutern. Für einen Verkäufer ist folgende Frage immer wissenswert: „Warum bei uns?" Mit dieser Information erlangt der Verkäufer frühzeitig Hintergründe, die bei der späteren Preisverhandlung von Interesse sein könnten und die er dann auch geschickt nutzen kann, indem er z. B. die Tatsache erwähnt, dass nur seine Firma diese Ware führt.

Die Standardklage des Kunden: „Das Produkt ist zu teuer."

Wenn ein Kunde argumentiert, dass ein Produkt „zu teuer" ist, können die Gründe dafür sehr vielschichtig sein. Es kann z. B. bedeuten, dass er den Wert des Produktes nicht wahrnimmt. Das wiederum ließe auf einen Fehler im vorhergehenden Beratungsgespräch schließen. Es ist in jedem Fall die Aufgabe des Verkäufers, dem Kunden den Wert des Produktes nahe zu bringen, um so eine adaptive Preisargumentation hinsichtlich des Wertes aufzubauen. Je höher ein Kunde den Wert der vorgeführten Ware einschätzt und je mehr diese ihm gefällt, umso besser lassen sich überhöhte Rabattvorstellungen entkräften.

Ein alter Kaufmannsspruch sagt: „Im Einkauf liegt der Segen". Warum soll sich nicht auch unser Kunde diesen Spruch zu Eigen machen? Er will für möglichst wenig Geld möglichst gute Ware, bzw. nach streng ökonomischem Prinzip mit seinen finanziellen Mitteln ein möglichst hohes Kaufresultat erzielen oder umgekehrt ein gesetztes Kaufziel mit möglichst geringem Mitteleinsatz verwirklichen. Und dieses legitime Anliegen des Kunden ist ökonomisch in jeder Hinsicht vertretbar!

Abb. 7.2 Wann geben Sie als Verkäufer Rabatt (eigene Darstellung)

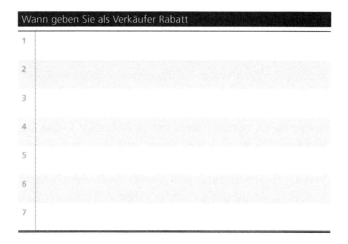

▶ **Folgender Merksatz für Sie** Ware ist nicht gleich Ware.

Mit dem Verkauf von Ware können auch zusätzliche Leistungen verknüpft werden, die für eine dauerhafte Kundenbindung vorteilhaft sein können:

- Garantieerweiterung
- kostenloser Service (innerhalb der Garantiezeit)
- und vieles mehr

Das Ziel für den geschickten Verkäufer sollte aber sicherlich sein, den Verkauf erfolgreich abzuschließen und den Rabatt so gering wie möglich zu halten.

Kleine Übung: Wann geben Sie als Verkäufer Rabatt?
Da falle ich doch gleich mit der Tür ins Haus.
   Welche Argumente fallen Ihnen als Leser ein!? Notieren Sie diese in Abb. 7.2.
   Auf Basis von empirischen Erfahrungswerten hier die häufigsten und wichtigsten Antworten von Mitarbeitern im Verkauf. Rabatt wird gewährt bei:

- Sympathie dem Kunden gegenüber (subjektives Empfinden)
- Altwaren (Slowmover)
- Ende des Monatsumsatzes, aber Budget nicht erreicht
- schlecht verkäufliches Modell
- Erwerb größerer Mengen
- Wunsch, nur zu verkaufen
- Glaubwürdiges Vorliegen des Angebots eines Mitbewerbers
- Einem Freund
- Nachfrage des Kunden

7.2 Das Verhandlungsgespräch und seine Fallen

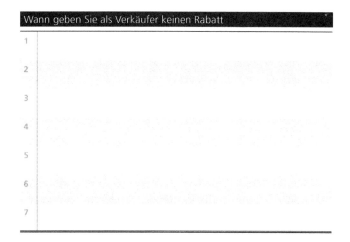

Abb. 7.3 Wann geben Sie als Verkäufer keinen Rabatt (eigene Darstellung)

Vor allem die letzte Argumentation – „wenn der Kunde fragt" – wurde in allen Fällen genannt. Dieser Aspekt stimmt bedenklich. Schlussfolgernd ergibt sich daraus, dass ein Kunde immer wenn er danach fragt auch Rabatt bekommt. Kunden, die nicht nach Rabatten fragen, bekommt ergo auch keine. Aber gibt es nicht auch Argumente, einem Kunden der nach Rabatt fragt, selbigen zu verweigern?

Wann geben Sie als Verkäufer keinen Rabatt?
Dies ist schon nicht mehr ganz so einfach zu beantworten, aber trotzdem werden sie sicherlich Argumente dafür finden, warum Sie einem Kunden oder auf bestimmte waren keine Rabatte geben.

Welche Argumente fallen Ihnen als Leser ein? Notieren Sie diese in Abb. 7.3.

Auch zu dieser Frage gibt es Erfahrungswerte, in denen sich ein klarer Trend von immer wiederkehrenden Antworten erkennen lässt. Die in diesem Zusammenhang wohl wichtigsten und häufigsten verwendeten Argumente sind folgende:

- bei unteren Preislagen
- bei Bestellungen (Speed-Mover)
- wenn ein Kunde zu frech und unangemessen fragt
- wenn der Kunden nicht fragt
- wenn der Kunde unter Zeitdruck steht

Argumente, die einen Rabatt abwehren, sind offensichtlich schwerer zu kommunizieren. Deshalb muss sich der Verkäufer umso mehr darauf konzentrieren, wie der Kunde um den Preis verhandelt, um individuell darauf reagieren zu können.

Die Stressfrage nach dem Preis
Mit der gezielten Frage nach dem Preis will der Kunde, obwohl er sich an dieser Stelle des Verkaufsgespräches bereits zum Kauf entschlossen hat, den Verkäufer lediglich unter

Druck setzen. Aus rein logischen Gründen und Erfahrungswerten ist es für den Kunden sinnvoll und die sicherste Variante, die Preisverhandlung an den Schluss eines Beratungsgespräches zu setzen, da er sich der Tatsache bewusst ist, dass die Frage nach dem Preis bei so gut wie jedem Verkäufer Stress auslöst. Das sollte bei Ihnen als angehendem Verhandlungsprofi allerdings nicht passieren. In dieser gewohnt verlaufenden Gesprächschronologie stehen folgende Möglichkeiten für Sie bereit:

- Eventuelle Beratungsfehler in Bezug auf Wert und Leistung korrigieren
- Die Motivation für die Frage nach Rabatt ermitteln
- Alternativ zum Rabatt Geschenke, wie beispielsweise ein Lederband zu einer Armbanduhr oder etwa die kostenlose Änderung, anbieten oder ein passendes Seidentuch zum Kleid. Bei Möbelstücken eventuell ein zusätzlicher Schrankboden oder Innenbeleuchtung offerieren

Geschickte Antworten des Verkäufers – Der Königsweg

Bei besonders geschickten Verkäufern ist folgende Antwort auf die Nachlassfrage schon häufiger gegeben worden:

> Mich hat gewundert, dass die Frage nach Rabatt nicht schon viel früher kam. Ich bin Ihnen dankbar, dass ich Ihnen erst einmal das Produkt und den Wert erklären und bemerken konnte, dass Sie den wahren Wert erkannt haben und wertschätzen. Wie möchten Sie denn gerne bezahlen?

Bei dieser geschickten Formulierung tappt der Käufer mit seiner Fragestrategie in die eigene Falle. Der Verkäufer hatte richtig erkannt, dass der Kunde zum Kauf entschlossen war und hat ihm auf diese Weise jegliche Vorstellungen über große Preisnachlässe genommen. Er hat damit entlarvt, dass der Kunde bereits zum Kauf entschlossen war, unabhängig davon, was das Produkt kostet.

Der Verweis auf den Ladenhüter als cleverer Schachzug des Verkäufers

Bei salopp-dreisten Kunden ist folgende Antwort eine sehr clevere Strategie, um eine Nachlassforderung zu entkräften. Der salopp-dreiste Kunde versucht dem Verkäufer zu erklären:

> Aber auf dieses Produkt bekomme ich doch 20%.

Die überraschten Reaktionen der Verkäufer bestehen oftmals in entrüstetem Entsetzen: „Das kann doch nicht sein, unmöglich, wer macht denn solche Angebote?" In der Regel entsteht an dieser Stelle des Gesprächsverlaufes eine Konfrontation und der Dialog verhärtet sich. Nicht so bei einem cleveren Verkäufer, der sich von den angebotenen Waren behutsam abwendet und dem Kunden Recht gibt:

> Sie interessieren sich für die 20%-Produkte dieser Marke?

7.2 Das Verhandlungsgespräch und seine Fallen

Nun ist es Zeit, einen im Lager befindlichen Slow-Mover zu präsentieren. Ein älteres Modell, das wenig Absatz gefunden hat und dem Kunden ungefragt etwas zu dieser Ware zu erzählen. Der Kunde wird erstaunt sein:

> Ach, auf dieses Produkt gibt es 20 %?

Es ist festzuhalten, dass der Kunde durchaus Recht mit seiner Behauptung hatte, nur war sie verallgemeinert und galt nicht für das Produkt, das er erwerben wollte.

In solchen entscheidenden Situationen wird der Unterschied zwischen guten und schlechten Verkäufern deutlich. Ist man in der Lage, auch dreiste Behauptungen gekonnt zu entkräften? Ist es einem möglich, keinen Stress oder negative Stimmungen in einem Verhandlungsgespräch entstehen zu lassen? Bei Einsatz dieser Taktik sind anschließend die überhöhten Rabattforderungen vom Tisch und der Verkäufer befindet sich in einer exzellenten Ausgangsposition, um sein Produkt in einer harmonischen Preisverhandlungsatmosphäre zu verkaufen.

Exkurs: Was Verhandlungsstrategien nicht dürfen und wann Kundenzufriedenheit entsteht

Verschiedene Fragestrategien lassen sich nicht immer trennscharf voneinander abgrenzen. Die ständig neuen Fragetechniken der Kunden fordern den Mitarbeitern im Verkauf große Flexibilität und rhetorische Fertigkeiten ab. Der Einsatz verschiedener Abwehrstrategien ist aber nicht unbedingt an die jeweilige Fragestrategie des Kunden gebunden. Im Gesprächsmittelpunkt steht immer der Mensch bzw. der Kunde und nicht der Kampf der Strategien. Rabattabwehrstrategien sollen und dürfen nicht:

- die Beziehung zwischen Käufer und Verkäufer stören
- das Kauferlebnis zerstören
- den Spaß am Produkt verderben

Der Kunde weiß darum, dass er mit der Frage nach dem Preis meist Stress in einem Gespräch erzeugt. Umso angenehmer, aber auch umso überraschender ist es für ihn, wenn der Verkäufer ruhig und souverän auf sein Ansinnen reagiert. Ein gelassenes und zu jeder Zeit souveränes Auftreten des Verkäufers symbolisiert dem Kunden gut beraten und aufgehoben zu sein, in einem Unternehmen, dessen tägliches Geschäft es ist, nahezu jeden Kundenwunsch zu erfüllen. Nicht Stress, sondern Kundenzufriedenheit soll entstehen. Kundenzufriedenheit entsteht nämlich erst dann, wenn das Anspruchsdenken des Kunden nicht nur erfüllt, sondern vom Verkäufer ein Quäntchen mehr geleistet wird, als der Kunde erwartet hätte.

> ▶ Erinnern Sie sich an meine Ausführungen zum Konfirmationsniveau?
> Ziel ist, den Kunden nicht nur auf seinem Konfirmationsniveau zufrieden zu stellen, sondern den Soll-Zustand mit dem Ist-Zustand zu übertreffen (Soll < Ist).

Der Kunde empfindet in der Folge Zufriedenheit oberhalb seines Konfirmationsniveaus. Dies generiert Weiterempfehlungen und Kundenloyalität auf der Käuferseite. Doch gilt es dabei auch zu beachten, dass er nicht zuvor in die erwähnte **Kundenzufriedenheitsfalle** tappt.

Gerade mit den nachfolgenden Argumentationsstrategien, die Ihnen u. a. die Möglichkeit eröffnet, dem Kunden die Vorteile von Service allgemein und einem besonderen Serviceangebot aufzuzeigen, unterschiedliche Sachverhalte aufzuklären und dem Kunden zu verdeutlichen, dass ihre Ware einen marginalen Preis bei kolossalem Wert hat, lassen sich sehr gute Ergebnisse erzielen, die sich vor allem auch nachhaltig in den Köpfen der Kunden festsetzen können. Mit jedem Kauf wird sich der Kunden dann mehr und mehr darüber bewusst, welch guten Service und Produktqualität Sie zu bieten haben.

7.3 Die Argumentationsstrategie als Oberbegriff

Die Anzahl der „Kunden-Rabatt-Frage-Strategien" entspricht im Grunde der Anzahl möglicher „Verkäuferabwehrstrategien". Den sieben von mir ermittelten und kategorisierten Rabattkunden-Typen werden im Folgenden dreizehn Abwehrstrategien gegenüber gestellt. Die Vielfalt an Auswahlmöglichkeiten gewährleistet eine erhöhte Chance des Verkäufers auf den individuellen Einsatz einer passenden Abwehrstrategie. Weder Kunde noch Verkäufer werden in einem Verkaufsgespräch alle Strategien anwenden können. Es kann Ihnen allerdings in einem Gespräch passieren, dass die eine oder andere Abwehrstrategie nicht funktioniert und der Kunde diese einfach ignoriert. Aus diesem Grunde muss der rabattfeste Verkäufer über ein abrufbereites Repertoire an Strategien verfügen, aus dem er gegebenenfalls wählen kann. Diese dreizehn Strategien mit ihren Oberbegriffen sehen Sie in Abb. 7.4. Sie sind jederzeit beliebig durch Sie erweiterbar.

Jedem ist aus Erfahrung bekannt, dass derjenige, der in einer Verhandlung gute Argumente hat, immer auf einem guten Weg ist, seinen Standpunkt durchzusetzen. Gute Argumente müssen fundiert, authentisch und aufrichtig sein. Auch die Form der Kommunikation, also die Art und Weise wie ich mein Argument anbringe – aggressiv, subtil, „über Umwege" oder „mit der Tür ins Haus" – ist hier von großer Wichtigkeit.

Abb. 7.4 Rabattabwehrstrategien (eigene Darstellung)

Rabattabwehrstrategien		
Argumentationsstrategie	Rhetorikstrategie	Angebotsstrategie
Nachfragestrategien	Bestätigungsstrategie	Strategie der kleinen Schritte
Service-Strategie	Zähigkeitsstrategie	Strategie der absoluten Beträge
Klärungsstrategie	Überhörstrategie	Statt-Rabatt-Strategie
Marginal-/Kolossalstrategie	Chef-Umkehr-Strategie	Gegenleistungsstrategie
Widerspruchsstrategie		

7.3 Die Argumentationsstrategie als Oberbegriff

Die Frage nach Rabatt kann mit einem Hinweis auf einen sehr guten Service nie ganz ausgeräumt werden. Dennoch eröffnet dieser Hinweis die Möglichkeit, den Leistungsunterschied zu Mitbewerbern zu betonen und sich somit eine bessere Position in der Preisverhandlung zu schaffen. Der Idealfall wäre, wenn sich der Kunde zukünftig die so gewonnenen Informationen zum Thema ‚Service' nach dem Kauf des Produktes als Standard für sein Anspruchsdenken beim zukünftigen Kauf von Waren zu eigen macht.

Der Kunde schafft sich somit eine neue Anspruchsbasis, die er bei Ihnen erfahren hat und zukünftig zu seinem Maßstab macht, den er aber so nicht bei der Konkurrenz vorfindet. Das Gefühl, sicher aufgehoben und fair behandelt worden zu sein, überwiegt dann die direkte Preiswahrnehmung. Schließlich sollte ihr Standard hinsichtlich Service und Wohlbefinden Ihres Kunden so hoch sein, dass Mitbewerber schon anderweitig mit Extraleistungen punkten müssten, um Sie zu überbieten.

Wann sollte ich als Verkäufer auf eine Argumentationsstrategie zurückgreifen?
Die Weigerung, auf eine Rabattvorstellung des Kunden einzugehen, bedarf natürlich auch entsprechender Argumente. Auf die Argumentationsstrategie sollte man immer dann zurückgreifen bzw. sie anwenden, wenn:

- mangelnde Informationen oder
- unterschiedliche Auffassungen der am Kauf Beteiligten gegeben sind oder
- Preis und Leistung vom Kunden nicht erkannt wurden

Eines muss an dieser Stelle vorab festgehalten werden
Es gibt keine strikte Regel, welche Rabattabwehrstrategie auf welche Kundenstrategie angewendet werden kann oder soll!

In den seltensten Fällen wird eine einzelne Strategie ausreichen, die Nachlassforderung des Kunden nachhaltig und ausreichend zu entkräften. Letztendlich muss allein der Verkäufer entscheiden, welche Strategie er bei welchem Forderungstypen einsetzt und dabei sollte er in seine Überlegungen miteinbeziehen, welche Verhandlungstechniken er am besten beherrscht. Nur der Verkäufer ist sicher in seinem Auftreten, der seine Argumentationen perfekt beherrscht. Profundes Fachwissen hinsichtlich des Produktes wird zwar benötigt, Wissen um Verhandlungstechniken ist jedoch das Wissen um die Argumentationen, mit denen Preisverhandlungen erfolgreicher geführt werden können. Schwachstellen und Lücken in Kausalzusammenhängen der Argumentationsstrategie des Verkäufers bemerken findige Kunden aber sofort.

Den Rabattfragestrategien der Kunden lassen sich die Hauptabwehrstrategien gegenüberstellen, von denen der Verkäufer, je nach Situation, die für sich praktikabelste anwenden kann. Dies erscheint vielleicht an dieser Stelle etwas kompliziert und als in den meisten Szenarien kaum umsetzbar, allerdings wird der Praxisteil dieses Buches die einfache Handhabung dieser Strategien noch aufzeigen.

▶ **Mein Tipp für Sie** Wer die Frage von Kunden nach Rabatt ernst nimmt und souverän darauf reagiert, wird feststellen, dass sie den Argumenten des Verkäufers meist aufgeschlossen gegenüberstehen.

Die Nachfragestrategie als Schlüsselkompetenz
Eine bedeutende Schlüsselkompetenz ist sicherlich das geschickte und zielgerichtete Anwenden der Nachfragestrategie.

Hinterfragen ist alles – aber ist alles hinterfragen sinnvoll? An dieser Stelle möchte ich noch einmal betonen, dass es in einem Verhandlungsgespräch erst dann sinnvoll ist, sich auf eine bestimmte Strategie festzulegen, wenn alle erforderlichen Informationen über den Kunden und seine Wünsche bekannt sind. Erst dann kann der Verkäufer so auf die Rabattfrage reagieren, dass er die Argumente des Kunden erfolgreich entkräften kann. Um diese Informationen zu erhalten, kann eine Strategie besonders gut eingesetzt werden:

„**Die Nachfragestrategie**": Falls Sie in einem Verkaufsgespräch an einen Punkt geraten, an dem Sie am liebsten nicht verstehen möchten, was ein Kunde gesagt hat oder wie seine Preisvorstellungen sind, kann es helfen, über Umwege beim Kunden nachzufragen. Etwa so: „**Wie? Rabatt – was ist das?**"

Natürlich nicht ganz so subtil! Warum nicht gelegentlich auch mal kompliziert, wenn „einfach" nicht zu funktionieren scheint? Sind Sie denn „einfach"? Na also!

Auf eine Rabattfrage mit Gegenfragen zu reagieren, ist in einem Verhandlungsgespräch jedenfalls besser, als eine falsche Antwort zu geben oder ein falsches Angebot zu offerieren und so Teile der Marge zu verlieren.

▶ **Mein Tipp für Sie** Bitte keine generelle Bereitschaft zur Rabattgewährung signalisieren.

Es muss jedoch berücksichtigt werden, dass auch diese Fragestrategie ihre Fallstricke aufweist, bei denen Vorsicht geboten ist. Hier ein Beispiel:

Kundenfrage: „Wie viel Rabatt räumen Sie mir denn ein?"
Verkäuferantwort: „Was haben Sie sich denn so vorgestellt?"

Diese Formulierung ist sehr ungeschickt, da der Verkäufer nun in der **Hinterfragerfalle** sitzt. Zum einen signalisiert diese Antwort eine generelle Bereitschaft des Verkäufers Rabatt zu gewähren. Und zum anderen gibt man dem Kunden die Möglichkeit, seine Rabattvorstellung wie bei einem Blankoscheck in die „Fragelücke" einzutragen. Der Kunde würde an dieser Stelle des Gespräches dann vorgeben, wo die Verhandlung um den Rabatt beginnt. Von jetzt an, ginge es nur noch um die endgültige Höhe des Preisnachlasses. Und das wäre sehr schade für Sie!

▶ **Mein Tipp für Sie** Hinterfragen Sie mit Stil und Kreativität! Überlegen Sie wie beim Schach im Voraus, in welche, für ein Verhandlungsgespräch ungünstige, Situation Sie sich zwei Züge später mit einer unbedachten Frage bringen könnten.

7.3 Die Argumentationsstrategie als Oberbegriff

Die Nachfragestrategie zählt definitiv zu den am häufigsten eingesetzten Methoden. Aus Erfahrungswerten hat sich herausgestellt, dass dies die klassische Eröffnungsstrategie ist. Nicht zuletzt deshalb, weil sie leicht beherrschbar ist: Auf die korrekte Frage eines Kunden folgt eine korrekte Rückfrage seitens des Verkäufers.

Die Vorteile der Nachfragestrategie:

- Sie verschafft Ihnen wichtige Informationen über den Kunden.
- Sie eröffnet in der Regel kein Rabattangebot.
- Der Kunde muss neue Argumente oder Fragen finden.
- Diese Strategie beschränkt oder deckelt Rabatthöhen.

Die Nachfragestrategie kann natürlich auch mit anderen Strategien verbunden und gekoppelt werden. Sie vermeidet unnötigen Stress auch wenn es zu den Aufgaben eines guten Verkäufers gehört, Stress

- zu beherrschen
- abzubauen
- in ein positives Gesprächsklima umzuwandeln

Die Servicestrategie
Die Servicestrategie als solche ist ein Differenzierungselement aus dem Marketing, lässt sich aber bei der Erklärung zum Wert, gerade von technischen Produkten, bestens anwenden. Es ist jedoch wichtig, hierbei zu vermeiden, dass das Produkt als ein serviceintensives Produkt dargestellt wird. Sie laufen leicht Gefahr, dass der Kunde aus der Befürchtung heraus, zukünftig viel Aufwand und Ärger mit Servicereparaturen und der Wartung seines Produktes zu haben, wankelmütig wird,. Service wird allgemein als Sicherheit für den Kunden hinsichtlich der Funktion und Lebensdauer eines Produktes angeboten, und ein umfassendes Serviceangebot unterscheidet ein führendes Unternehmen von so manchem Mitbewerber. Mit der „Nachfragestrategie" können Sie erfahren, welchen Stellenwert Service bei dem jeweiligen Kunden einnimmt. Oftmals reicht dann noch die eine oder andere Information aus, um gezielt mit der Servicestrategie zu argumentieren. Grundsätzlich muss heutzutage jeder Verkäufer eine Gewährleistung von mindestens zwei Jahren für seine Produkte anbieten. Die Argumentation, Besseres hinsichtlich Service und der Haltbarkeit des Produktes zu liefern, kann hier ein ausschlaggebender Faktor sein, um die Rabattforderungen des Kunden zu entkräften und ihn von anderen Zusatzleistungen, die im regulären Preis mit inbegriffen sind, zu überzeugen. Sollte sich ein Kunde wider Erwarten für das Thema Service überhaupt nicht interessieren, z. B. ein „Smartshopper", der ihr Serviceangebot als selbstverständlich voraussetzt, so wechseln Sie die Strategie einfach! Wie bereits erwähnt, sind die Strategien beliebig kombinierbar.

Die Klärungsstrategie
Um die Klärungsstrategie näher zu erläutern, betrachten wir an dieser Stelle einen Fall aus der Praxis. Jedem erfahrenen Verkäufer sind Kunden bekannt, hinter deren Behauptungen die Frage nach Rabatt subtil versteckt ist. So etwa Behauptungen wie:

> Jeder weiß doch, dass Sie 300 % aufschlagen.

Fraglich ist hier, wie eine solche Behauptung sachlich geklärt werden soll. Soll etwa dem Kunden gegenüber die Kalkulation transparent gemacht werden? – Nein, gewiss nicht.

> Bei Frau Müller im Hause bekomme ich aber 30 %.

Eine solche Behauptung hingegen kann schon leichter geklärt werden.

> In der Schweiz/Im Ausland bekomme ich die Ware 20 % günstiger.

Auch das lässt sich, wie Sie im praktischen Teil feststellen werden, leicht klären und in einem Gespräch aus der Welt schaffen.

▶ **Mein Tipp für Sie** Den Kunden bitte niemals als Lügner oder Unwissenden bloßstellen.

Wo eine Klärung von Behauptungen nötig scheint, sollte diese auf ruhige und besonnene Weise erfolgen, um den Kunden nicht als Lügner oder Unwissenden bloßzustellen. Dem Kunden gegenüber tragen gute Argumente immer zu einer sachlichen Klärung bei. Die Klärungsstrategie darf nie mit Halbwahrheiten ausgefüllt werden. Klären heißt hier, informativ, sachlich, genau und korrekt sein.

Die Marginal-/Kolossal-Strategie
Auch bei dieser Strategie ist es besonders wichtig, dass Sie sich immer vergegenwärtigen, welche sprachlichen Mittel Sie in einem Verhandlungsgespräch benutzen. Es ist in einem Verkaufsgespräch immer besser vom Wert einer Ware, als vom jeweiligen Preis zu sprechen, und auch der Frage eines Kunden nach Rabatt mit dem Hinweis auf eine Zusatzleistung, wie etwa „Es ist mir ein Vergnügen, Ihnen noch dieses Lederband/Seitentuch etc. kostenlos dazu geben zu können" entgegentreten zu können.

Auch wenn es bewiesenermaßen von hoher Bedeutung ist, sich der Technik der Körpersprache zu bedienen, ist es schließlich doch nicht diese „Sprache der Pantomime", in der die Verhandlung primär geführt wird. Ein klarer Wortschatz, ausgefeilte Verhandlungstechniken und rhetorisches Geschick sind für ein erfolgreiches Verhandlungsgespräch erforderlich. All dieses ist erlernbar, nobody is perfect!

7.3 Die Argumentationsstrategie als Oberbegriff

Der Kunde argumentiert oft mit einem kolossal hohen Preis, der Verkäufer mit einem marginalen Preis. Achten Sie in diesem Praxisbeispiel auf die Worte des Kunden. Spricht er vom marginalen Wert bei kolossalem Preis? Beispiele:

- „Für eine solch' einfache Uhr mit nur drei Zeigern und noch nicht einmal einer Datumsanzeige ein so hoher Preis, das kann doch nicht sein."
- „So ein hoher Preis für ein Fahrzeug mit so wenig Innenausstattung und Fahrkomfort."
- „So ein einfacher Schrank, ohne Beleuchtung und Spiegel."

Solche oder ähnliche Aussagen sind Alltag eines jeden Verkäufers. Vermutlich hat der Verkäufer im Vorfeld versäumt, dem Kunden gegenüber den wahren Wert angemessen in den Vordergrund zu stellen. Die Argumentation sollte daher immer mit dem **Wert** und nicht mit den Funktionen eines Gegenstandes, sondern mit seinen **Vorzügen** geführt werden.

▶ **Mein Tipp für Sie** Nehmen Sie die Worte des Kunden in solchen Situationen auf, wenn er vom kolossalen Preis spricht, und sprechen Sie von kolossalem Wert bei marginalem Preis.

Auf diese Weise können Sie seine Argumentation umkehren und den Preisnachlass erneut entkräften. Der Kunde muss erkennen, dass es eben ein kolossaler Wert bei einem marginalen Preis ist, den sie ihm mit diesem Produktkauf bieten.

Die Widerspruch-Strategie
Es gibt natürlich auch Negativbeispiele, von denen man dringend in einem Verhandlungsgespräch Abstand nehmen sollte. Dem Rabattanliegen eines Kunden mit Ablehnung oder Widerspruch zu begegnen, lässt sich schlecht als Strategie bezeichnen. Immer, wenn einem Kundenwunsch durch den Verkäufer nicht nachgekommen werden kann, erfordert dies eine Vielzahl von Erklärungen seitens des Verkäufers. Wie bei jeder anderen Strategie sind also Zusatzelemente erforderlich, um seine individuelle Strategie zu entwerfen.

▶ Das Motto des klugen Verkäufers **Widersprechen + Informieren + Klären**

Auf eine getätigte Kundenäußerung wie „Ich will 20 %" lediglich mit „Nein" zu reagieren, führt in eine Sackgasse und lässt das Gespräch stagnieren. Aus jeder Strategie muss ein Wechsel in eine andere Strategie möglich sein, um das Gespräch weiter in Gang zu halten.

▶ **Mein Tipp für Sie** Statt einem strikten „Nein" sollten Sie daher lieber fragen:

Warum gerade 20 %, lieber Kunde?

Dies bedeutet, vom direkten „Widerspruch" zur Nachfragestrategie umzuschwenken. So knüpft sich an das vermeintliche Ende wieder ein neuer Anfang für weitere Verhandlungen und eröffnet so die Möglichkeiten für die Anwendung einer neuen Verhandlungstechnik.

Auf die von Ihnen gestellte Frage muss der Kunde nun eine andere Strategie entwickeln und fundierte Begründungen für seinen Rabattwunsch offen legen. So wird an diesem Punkt möglicherweise deutlich, dass er bereits das Angebot eines Konkurrenzunternehmens vorliegen hat, worauf der Verkäufer wiederum reagieren und die Argumentation des Kunden entkräften kann. Für den Verkäufer ergeben sich hier verschiedene Reaktionsmöglichkeiten für den weiteren Verlauf des Gespräches.

7.4 Die Rhetorik-Strategie als Oberbegriff

Die Rhetorikstrategie – diese Strategie klingt ein Stück weit nach „gut verkaufen wollen" oder nach „ein Produkt besser darstellen als es ist", mit anderen Worten – nach einer Strategie der Halbwahrheiten und der Manipulation.

Jedoch ist hier etwas anderes damit gemeint. Einen zentralen Aspekt dieser Strategie bildet die verbale Bestätigung der Argumente eines Kunden, noch bevor diese tiefgründig hinterfragt werden. So hat der Kunde natürlich etwa Recht, wenn er den Standpunkt vertritt, dass man generell nach Nachlass fragen sollte. Warum sollen wir ihm also seinen Wunsch, der ja durchaus berechtigt ist, nicht verbal bestätigen und so für ein positives Gesprächsklima sorgen? Wir zeigen dem Kunden auf diese Weise Verständnis für sein Anliegen und bringen ihn nicht in eine unangenehme Situation, indem wir sein Anliegen übergehen oder nicht ernst genug nehmen. Der Kundentyp des „Smartshoppers" z. B. wählt den Zeitpunkt seines Geschäftsbesuches eben gerade so, dass er glaubt, den vor Feierabend unter Zeitdruck stehenden Verkäufer, zu einem höheren Rabatt bewegen zu können. Dieser bewusst gewählten Strategie kann der Verkäufer durchaus mit Zähigkeit oder Ignoranz begegnen und sie so neutralisieren. So manche Frage des Kunden zu überhören bzw. sie unbeachtet zu übergehen, um eine bessere Strategie zu wählen, ist dabei in diesem Verständnis ein angemessenes rhetorisches Mittel. Auch das Wissen um die Loyalität des Chefs ermöglicht es dem Verkäufer, dem Kunden gegenüber souverän aufzutreten. Ist sich ein Verkäufer der Rückendeckung seitens des Chefs hinsichtlich der Anwendung dieser Strategie bewusst, so ist er automatisch sicherer, wenn es in einem Verkaufsgespräch um Rabattverhandlungen geht. Mit diesem Wissen um Rückendeckung können Sie jederzeit diese Strategie anwenden und sicher sein, dass Ihr Chef nicht anders gehandelt hätte.

Die Bestätigungsstrategie
Wenn der Kunde in speziellen Fällen mit seiner Preisvorstellung oder den Argumenten, die er anbringt, Recht hat, sollte ihm dies durchaus von Seiten des Verkäufers bestätigt werden. Diese Erfahrung hat der Kunde so sicherlich noch nicht so häufig bei seinen Einkäufen zuvor gemacht. Diese Affirmation durch den Verkäufer trägt im Folgenden schließlich auch zu einer guten Gesprächsatmosphäre bei. Anerkennung für einen richtigen und sachlichen Vortrag zu erhalten, lockert das Gespräch hinsichtlich des Ziels des Kaufabschlusses auf. Wenn der Kunde aus Ihrer Sicht jedoch Unrecht hat, hat er dennoch einen Anspruch auf Bestätigung seiner Argumente. Auf den ersten Blick scheint diese

Variante möglicherweise widersprüchlich, doch ist sie durchaus möglich. Die Auffassung des Verkäufers kennt der Kunde in diesem Augenblick schließlich nicht. Die Bestätigungsstrategie dient in erster Linie dazu, dem Kunden zu signalisieren, dass er mit seinen Argumenten ernst genommen wird und sein Anliegen in jedem Falle Gehör findet. Im Anschluss daran sollte ein Strategiewechsel des Verkäufers erfolgen: Seine ist dann, falsche Informationen zu klären (Klärungsstrategie) und fehlende Informationen zu ergänzen, um die Disbalance auszugleichen.

Wenn der Kunde so zu einem neuen Informationsstand gelangt, wird dies zu anderen Fragestrategien seinerseits führen, z. B.: **„Ich bin sonst immer bei Frau Müller und habe da 30 % bekommen."**

Der Verkäufer sollte darauf wie folgt souverän reagieren: **„Schön, dass Sie wiedergekommen sind. Richtig, dass Frau Müller Ihnen 30 % Rabatt gewährt hat. Dies war allerdings für Waren aus unserer Sonderaktion. Für diese aktuelle neue Ware hier gilt dieser Rabattsatz leider nicht."**

Die Zähigkeitsstrategie
Zähigkeit ist eine der Disziplinen, die man entweder von Natur aus besitzt oder eben nicht. Nicht nachgiebig zu sein, ist sehr schwer zu erlernen und durchzuhalten, sofern man vom Charakter her eher ein Mensch ist, der dazu neigt, nachzugeben, sobald ein Gespräch eine gewisse unangenehme Schwelle überschreitet. Beispiel: Der clevere Smartshopper sucht sein „Verkäuferopfer" typischerweise kurz vor der Mittagspause oder kurz vor Ladenschluss im Geschäft auf. Dann findet er meist einen ungeduldigen Verkäufer, der zu langwierigen und zähen Preisverhandlungen nicht gerade gut aufgelegt ist. Aber Zähigkeit im Verhandeln um den Preis bedeutet nicht immer Langwierigkeit des Verhandlungsgesprächs. Das lange Blättern in Listen, das Rechnen mit dem Stift oder endloses Tippen am Rechner ist für den Kunden schon nach ca. 90 Sekunden störend. Im Vergleich zu ermüdenden Diskussionen sind 90 Sekunden allerdings sehr kurz. Der für den Kunden scheinbar erfolglose Griff des Verkäufers zum Telefon, um für ihn einen besseren Preis mit seinem Chef auszuhandeln, zeigt hohes Interesse für die Belange des Kunden, aber letztlich ist es erfolgloses Bemühen. Dies ist ein ebenfalls oft sehr erfolgreiches Mittel, einem Kunden zu beweisen, dass er und seine Wünsche ernst genommen werden. Der Kunde muss sich nun eine andere Strategie zu recht legen, um den gewünschten Rabatt einzufordern. In der Regel ist ihm anzumerken, wann und wie er zunehmend ungeduldig wird. Ein zweiter Mitarbeiter sollte nun durchaus die Kommunikation mit dem Kunden übernehmen, allerdings von Preisverhandlungen absehen und seinen Kollegen als den, um den besten Preis für den Kunden kämpfenden, darstellen. Um diese Strategie umzusetzen, müssen Teams allerdings sehr gut eingespielt sein. Der erfolglosen Bemühung am Telefon kann die Listenwälzstrategie noch zusätzlich folgen, je nach Ausdauer und Belastbarkeit des Kunden.

Die Überhörstrategie
Diese Strategie kennt so gut wie jeder, der glücklich verheiratet ist. Die Wünsche seines Partners überhört jeder hin und wieder. Aber kann ein Unternehmen sich diese Strategie

auch bei einem wertvollen Kunden erlauben? Wäre dies nicht doch zu unhöflich? Was genau darf wirklich überhört werden? Dazu einige Beispiele:

Kundenfrage: „Welchen Rabatt geben Sie?"
Antwort: „Darf ich Ihnen vielleicht noch ein anderes Modell zeigen?"
Kundenfrage: „Es ist doch heute üblich, nach Rabatt zu fragen."
Antwort: „Dieses Produkt hat seinen besonderen Wert in der aufwändigen Mechanik, dem überwältigendem Design, etc."

Die Strategie des Überhörens bietet sich immer dann an, wenn es keine direkt passende Antwort auf eine Kundenfrage gibt. Besser Sie überhören bewusst etwas, als dass Sie eine falsche oder ungeschickte Antwort geben, die Sie als Verkäufer in eine schlechte Verhandlungsposition bringen könnte. Eine ausweichende Antwort kann hier, wie so oft, der Weg zu einem Strategiewechsel sein.

Die Chef-Umkehr-Strategie
Häufig müssen Verkäufer die Erfahrung machen, dass Kunden sich beraten lassen und anschließend, wenn es um den Preis geht, den Chef als Ansprechpartner verlangen.

> Holen Sie mal den Chef, es geht um den Preis!

Ein Kunde, der nach dem Chef fragt, stellt seine Forderung nicht unbedingt unbegründet. Er hat in der Regel Erfahrungen mit Chefs, die ihren Mitarbeitern das Verhandeln um den Preisnachlass nicht zutrauen und hatte daher mit seiner Forderung bisher auch immer Erfolg.

Aus Sicht eines Verhandlungsexperten ist es bedauerlich, wenn der Chef in solchen „Standardsituationen", wenn es beispielsweise um den Preis geht, tatsächlich eingreift. Anders verhält es sich, wenn der Verkäufer bemerkt, dass er wirklich mit seinem Verhandlungsgeschick am Ende ist und deswegen selbst den Chef ruft. Würde der Kunde in dieser Situation vom Chef mehr Rabatt erhalten als vom Verkäufer, hätte dies zwei kontraproduktive Konsequenzen:

- Beim nächsten Besuch verlangt der Kunde sofort den Chef.
- Der Verkäufer wird somit überflüssig!

Die daraus resultierenden Folgen:

- Der Verkäufer verliert seine Stelle.
- Der Chef wird vom Unternehmer zur „Ein-Mann-ICH-AG".

> **Auch hier ist es interessant, sich ein Beispiel aus der Praxis anzusehen**
>
> Eine wirklich versierte und gestandene Verkäuferin konnte einen Kunden nicht davon abhalten, den Chef zu einer Preisverhandlung holen zu lassen. Sie hatte bereits ein mehr als gutes Angebot unterbreitet – eine Mischung aus Skonto, Naturalrabatt, Garantieverlängerung und kostenlosem Service für drei Jahre. Der Kunde kannte den Chef aus Zeiten, in denen er noch täglich im Verkauf arbeitete. Beide, Kunde und Verkäuferin, eröffneten dem Chef ihre Vorstellungen, der Kunde von dem gewünschten Rabatt und die Verkäuferin von dem Angebot, das sie unterbreitet hatte.
>
> Der Chef hielt ein wenig inne, schaute prüfend seine Mitarbeiterin an und wandte sich dann dem Kunden zu, dem er antwortete: „Frau Müller hat Ihnen ein mehr als exzellentes Angebot unterbreitet. Ein besseres können Sie auch von mir nicht erwarten." Danach wandte der Chef sich an die besagte Verkäuferin mit den Worten: „Können wir uns gleich einmal im Büro unterhalten?"
>
> Die Körpersprache des Kunden hatte der Chef gut beobachtet. Dessen Botschaft hatte er verstanden: Bei der Verkäuferin hatte er einen Preis erhalten, den er beim Chef niemals bekommen hätte. Der Kunde kaufte. Die Begebenheit ging aber noch weiter: Nach dem Kauf überreichte der Kunde der Verkäuferin einen Blumenstrauß – er hatte die Befürchtung, dass sie wegen des Preises nun Ärger bekäme.
>
> Der Chef wollte der Verkäuferin allerdings lediglich mitteilen, dass sie alles richtig gemacht hatte. Und die Verkäuferin erklärte dem Kunden anschließend, dass sie das Angebot voll verantworten konnte – auch als Reaktion auf das angenehme und freundliche Verkaufsgespräch.

Die Situation, in die der Kunde auf eigenes Drängen hinein geraten ist, wurde von dem Chef an dieser Stelle sehr geschickt gesteuert. Der Kunde hatte das Gefühl, dass er die Verkäuferin in eine missliche Situation gebracht hatte. Das Resultat war eine Art sich entwickelndes schlechtes Gewissen gegenüber der Verkäuferin. Der Kunde fühlte sich dabei ertappt, übermäßig hohe Forderungen bezüglich des Preisnachlasses zu stellen. Diese Strategie anzuwenden war durchaus manipulativ, symbolisierte in dieser Situation allerdings nur, dass die Grenze des Rabattes erreicht war und der Kunde mit dem, was er verhandelt hatte, vollkommen zufrieden sein konnte. Auch hier wird beim Kunden ein Gefühl von Zufriedenheit erzeugt! Der Kunde geht glücklich mit seinem neu erworbenen Produkt heim, ohne mit sich selbst zu hadern, ob er vielleicht zu viel bezahlt oder nicht hart genug verhandelt hat.

7.5 Die Angebotsstrategie als Oberbegriff

Stellt ein Verkäufer fest, dass er in einem Verkaufsgespräch beim Thema Rabatt mit seinen Argumenten nicht mehr weiterkommt, sollte grundsätzlich zur Angebotsstrategie übergegangen werden.

Abb. 7.5 Die Rabattvariante (eigene Darstellung)

Die Rabattvariante						
Variante I				Variante II		
Preis	Rabatt	Netto		Preis	Rabatt	Netto
1.000,00	5,00 %	950,00	Uhr	1.000,00	3,00 %	970,00
250,00	5,00 %	237,50	Ring	250,00	10,00 %	225,00
1.250,00	**5,00 %**	**1187,50**		1250,00	**4,60 %**	**1195,00**

▶ Rabatt ist manchmal notwendig, aber bitte im Rahmen bleiben

Dass es hierbei nicht immer ganz ohne Rabatt geht, dürfte sowohl jedem Verkäufer als auch jedem Chef klar sein. Für den Verkäufer sollte daher die Begrenzung und Restriktion des Rabattes im Vordergrund stehen, die er gerade mit kleinschrittigen Angeboten strategisch erreichen kann. Die Angebotsstrategie der kleinen Schritte ist immer dann sinnvoll, wenn keine übermäßigen Rabattforderungen seitens des Kunden im Wege stehen.

Eine weitere wichtige Form der Angebotsstrategie besteht darin, dem Kunden einen glatten Betrag anzubieten, der unterhalb des regulären Preises aber oberhalb bestimmter Rabatt-Prozentsätze liegt und daher strategisch klug gewählt wurde. Der Einsatz von Naturalrabatt als Ersatz für einen Preisnachlass ist eine durchaus geeignete Methode, Rabatthöhen in ihrer wirtschaftlichen Auswirkung zu minimieren und in einem gewissen vorgegebenen Rahmen zu halten.

Darüber hinaus kann jedes Rabattangebot des Verkäufers mit einer Gegenleistung des Kunden verbunden werden. Zum Beispiel kann man dem Kunden das Angebot unterbreiten, beim Kauf einer Uhr drei Prozent Preisnachlass zu gewähren, bei Kauf eines Ringes und einer Uhr aber fünf Prozent (vgl. Abb. 7.5). In solchen Fällen des Kombinationsrabattes bieten sich je nach den Preisen der Waren unterschiedliche Handlungsweisen an.

In diesem Variantenbeispiel anstatt 5 % nur 4,6 % Preisnachlass zu gewähren – könnte den Anschein entstehen lassen, es handle sich um Cent-Fuchserei, schließlich sind es bei dem konkreten Beispiel lediglich 7,50 € Unterschied. Doch sollte man sich in solchen Fällen immer bewusst darüber sein, dass 7,50 € weniger Rabatt bei fünf Mitarbeitern mit je ca. fünf Verkäufen pro Tag und 300 Verkaufs-Tagen im Jahr immerhin 56.250,- € mehr an Einnahmen bzw. Umsatz bedeuten und dies ebenso zu 100 % in den Gewinn einfließt.

> 7,50 € pro Verkauf, x 5 Mitarbeiter,
> x 5 Verkaufsaktionen pro Tag, x 300 Tage
> = 56.250,- €

Bei einem betragsmäßig kleinen Ankauf kann einem beharrlichen Kundenwunsch nach zehn Prozent Preisnachlass durchaus nachgegeben werden. Solche Angebote müssen allerdings immer schnell abgegeben werden. Große Vorsicht ist geboten bei Kunden, die genau nachrechnen. Eine zielgerichtete Konversation kann dies verhindern.

7.5 Die Angebotsstrategie als Oberbegriff

Abb. 7.6 Manipulationszone (eigene Darstellung)

Manipulationszone			
Preis	für – Argumentationsbereich – wieder		Preis
Verkäufer Zielvorstellung	Höchstpreis	Niedrigstpreis	Käufer Zielvorstellung
MANIPULATIONSZONE			

Die Strategie der kleinen Schritte

Diese Strategie gehört definitiv ins Grundrepertoire eines jeden Verkäufers. Sie besagt im Grunde nichts anderes, als dass der Verkäufer einem Kunden natürlich nicht von vornherein das beste Angebot, das er verantworten kann, macht, sondern sich langsam und in kleinen Schritten an die äußerste verantwortbare Grenze herantastet. Die Grundidee hinter dieser Strategie ist also, dass der Preis, der im Endeffekt bezahlt wird, näher an Ihrer Zielvorstellung liegt, als an der des Kunden. Dabei ist es vorteilhaft, die Zielvorstellungen eines Kunden so schnell wie möglich einzuschätzen und gleichzeitig zu erkennen, wo Ihr Handlungsspielraum besteht, um so den für Sie vorteilhaftesten Preisnachlass auszupendeln (Abb. 7.6).

Aus dieser Betrachtungsweise geht hervor, dass der Kunde, wenn er sich zum Kauf eines Produktes entschieden hat, einen Höchstpreis ebenso im Kopf hat, wie eine Vorstellung des aus seiner Sicht optimalen Preises, nämlich den des Niedrigstpreises. Der Kunde versucht hier, frei nach dem Minimalprinzip, ein Ziel, in diesem Falle das Produkt, das er sich ausgesucht hat, mit möglichst geringem Mittelaufwand zu erwerben, um seinen Nutzen zu maximieren. Umgekehrt könnte er genauso nach dem Maximalprinzip verfahren und mit den gegebenen finanziellen Mitteln, das Maximum an Produkten und Zusatzleistungen zu erwerben und auch auf diese Weise nutzenmaximierend handeln. Die beiden Extreme von Höchst- und Niedrigstpreis hat auch der Verkäufer im Kopf. Seine Aufgabe ist also zu erkennen, wie man den Kunden dahingehend manipulieren kann, seinem favorisierten Höchstpreis näher zu kommen. Das Optimum ist dann erreicht, wenn sowohl Verkäufer als auch Kunde – in einem verhandlungstechnischen Gleichgewicht – mit dem erreichten Angebot zufrieden sind.

Dem Kunden absolute Beträge anbieten Immer dann, wenn der Kunde Rabatthöhen in Prozent fordert, sollte der Verkäufer in ganzen Beträgen rechnen. Das nun folgende Praxisbeispiel ist eine Weiterführung zu der Beispielrechnung aus dem die Angebotsstrategien vorstellenden Kapitel.

1500,00 € Verkaufspreis

5% Rabatt = 75,00 €

Als Verkäufer kann man sich die Strategie der glatten Beträge aneignen und statt prozentual berechneten Rabattwerten runde Beträge als Preisnachlass anbieten, wenn dies sinnvoll erscheint. In diesem Falle also sollte der Verkäufer nicht 5 % Rabatt, sondern 75 € Preisnachlass offerieren.

▶ **Mein Tipp für Sie** Runde Beträge als Preisnachlass anbieten: „Bei dem Erwerb dieses Produktes sparen Sie 70 €."

Dabei muss der Verkäufer natürlich immer die Preislage im Auge behalten:
10 % Nachlass bei einem Preis von 1.200 € führt zu dem Verkaufspreis 1.080 €. 1.100 € hingegen sind bei einem Preis von 1.200,00 lediglich 9,1 % Nachlass.

Der Kunde allerdings kann mit der Nennung eines konkreten Betrags sicher mehr anfangen, als mit der eines abstrakten Prozentsatzes – möglicherweise wird er auf diese Weise sogar das Gefühl haben, ein besonders gutes Angebot bekommen zu haben. Und auch hier gilt zu bedenken, dass selbst die Differenz zwischen 10 und 9,1 % Nachlass aufs Jahr und die Verkaufsmenge gesehen, enorme Umsatzunterschiede generieren kann.

Wenn der Kunde an dieser Stelle ein Gegenangebot macht und ebenfalls auf einen glatten Preis kommen will, ist er der Argumentation des Verkäufers gefolgt – vielleicht kennt er diese recht verbreitete Verhandlungsstrategie von dem Verkäufer ja sogar bereits.

In einem solchen Fall können Sie als Verkäufer auch beruhigt von einem Preisnachlass „in Höhe von ca. 10 %" sprechen.

Die Statt-Rabatt-Strategie
Auf jede Leistung folgt normalerweise eine Gegenleistung. Doch bei Verhandlungspartnern werden Leistung und Gegenleistung unterschiedlich bewertet und beurteilt. Die Frage nach Rabatt ist zugleich die Forderung des Käufers, seine Gegenleistung, d. h. die Zahlung des Kaufpreises, zu mindern.

Vielfach erweist es sich allerdings – sowohl mit Blick auf die Zufriedenheit des Kunden als auch auf den Umsatz des Unternehmens – als sinnvoll, anstelle eines Rabattes das Leistungsangebot zu erhöhen, um einen beidseitigen Kompromiss zu finden. Dabei hat der Verkäufer mehrere Möglichkeiten, aus denen er alternativ schöpfen kann; wie etwa:

- kostenloses Zusatzteil
- kostenlose Änderung
- kostenlose Verlängerung der Gewährleistung = Garantie
- Produkt Upgrade

Der Wert der zusätzlichen Leistung entspricht für den Kunden immer dem Wert des Verkaufspreises, für das Unternehmen aber lediglich dem Wert des Einkaufspreises und ist somit oftmals eine bessere Alternative zu einem gewinnreduzierenden Preisnachlass. Die nachstehenden Beispielrechnungen zeigen auf, dass Rabatte und Preisnachlässe auf diese Weise deutlich minimiert werden können (Abb. 7.7):

7.5 Die Angebotsstrategie als Oberbegriff

Stattrabatt – Naturalrabatt I.

	Rabatt / Nachlass		Naturalrabatt		
	Absoluter Betrag	In Prozent	Absoluter Betrag	In Prozent	Diff. Δ
VK-Preis	1.500,00 €	100,00 %	VK-Preis	1.500,00 €	100,00 %	
Rabatt	75,00 €	5,00 %	Lederband VK 80,00 €	0,00 €	0,00 %	- 5,0 %
Umsatz	1.425,00 €	95,00 %	Umsatz	1.500,00 €	100,00 %	+ 5,0 %
MwSt. 19 %	227,52 €		MwSt 19%	239,50 €		
Nettoerlös	1.197,48 €	79,83 %	Nettoerlös	1.260,50 €	84,03 %	+ 4,2 %
EK Uhr	790,00 €		EK Uhr	790,00 €		
EK Lederband	0,00 €		EK Lederband	40,00 €		
Rohgewinn	407,48 €		Rohgewinn	430,50 €		+ 23,02 €
Rohgewinn in % vom Umsatz		28,60 %	Rohgewinn in % vom Umsatz		28,70 %	0,10 %

Abb. 7.7 Stattrabatt – Naturalrabatt I (eigene Darstellung)

Vorteile der Statt-Rabatt-Strategie
Wenn man davon ausgeht, dass ein Kunde einen Rabattsatz von 5 % erbittet, kann man mit dem Angebot eines Naturalrabattes prozentual sparen. Dass das Lederband im Wert von 80 € einen um 5 € höheren Wert hat als die 75 € Rabatt, können Sie dem Kunden gegenüber beiläufig positiv erwähnen. Die gleiche Rechnung mit einem zum Beispiel noch besser kalkulierten Zusatzteil kann die Rendite sogar noch weiter verbessern (Abb. 7.8).

Hier nochmals alle Vorteile der Statt-Rabatt-Strategie im zusammenfassenden Überblick:
Rabatt auf den Verkauf selbst vermieden
Umsatz + 5,00 %
Rohgewinn + 23,02 €

Die Gegenleistungsstrategie
Diese, in vielen Fällen der Praxis, durchaus geläufige Strategie ist durchaus kritisch zu betrachten. Sie setzt den Kunden massiv unter Druck, und die angenehme Verkaufsatmosphäre kann hierdurch gefährdet werden. Der Kunde könnte sich in Extremfällen während des Verhandlungsgesprächs genötigt fühlen und mit einem unzufriedenen Gefühl den Verkaufsraum verlassen, um am darauffolgenden Tag die Ware umzutauschen. Konsequenz: Sie haben diesen Kunden unter Umständen dauerhaft als Geschäftspartner für die Zukunft verloren.

Stattrabatt – Naturalrabatt II.

Rabatt / Nachlass			Naturalrabatt			
	Absoluter Betrag	In Prozent		Absoluter Betrag	In Prozent	Diff. Δ
VK-Preis	1.500,00 €	100,00 %	VK-Preis	1.500,00 €	100,00 %	0,0 %
Rabatt	75,00 €	5,00 %	Lederband VK 80,00 €	0,00 €	0,00 %	- 5,0 %
Umsatz	1.425,00 €	95,00 %	Umsatz	1.500,00 €	100,00 %	+ 5,0 %
MwSt. 19 %	227,52 €		MwSt 19 %	239,50 €		
Nettoerlös	1.197,48 €	79,83 %	Nettoerlös	1.260,50 €	84,03 %	+ 4,2 %
EK Uhr	790,00 €		EK Uhr	790,00 €		
EK Lederband	0,00 €		EK Lederband	30,00 €		
Rohgewinn	407,48 €		Rohgewinn	440,50 €		+ 23,02 €
Rohgewinn in % vom Umsatz		28,60 %	Rohgewinn in % vom Umsatz		29,36 %	0,10 %

Abb. 7.8 Stattrabatt – Naturalrabatt II (eigene Darstellung)

▸ **Mein Tipp für Sie** Die indirekte Gegenleistungsforderung, den Kunden zu einem Kauf der Ware zu veranlassen, darf nicht zu offensiv und mit zu viel Druck verbunden sein, da auf diese Weise die Geschäftsbeziehung womöglich dauerhaft beschädigt werden kann.

8. Praxisteil – Ihr Cross-Check für die erfolgreiche Verhandlung

Wenden wir uns nun dem Praxisteil zu. Nun haben Sie sich bereits ein breites Spektrum an Wissen aneignen können. Viele Dinge sind Ihnen aus Erfahrungen des täglichen Lebens im Verkauf bekannt. Nun zur Routine: Zur besseren Veranschaulichung möchte ich Ihnen hierzu einen Begriff aus der Fliegerei vorstellen, der unter Fachleuten als „Cross-Check" bekannt ist. Der Pilot hört seiner Maschine immer erst zu, bevor der Flieger abhebt. Auch die erfahrensten Piloten vertrauen nicht allein auf Ihr Können – daher der „Cross-Check". Dieser Cross-Check muss vor jedem Flug, an jedem Arbeitstag durchgeführt werden! Ein Profi ist schlichtweg ein erfahrener Routinier, der den „Cross-Check" nie vergisst.

Vor Verhandlungen sollten auch Sie jeweils zur eigenen Sicherheit einen „Cross-Check" durchführen. Die Anleitung dafür finden Sie im Anhang dieses Buches. Als kleine Empfehlung rate ich Ihnen, diesen heraus zu trennen und zu kopieren. Diese Checkliste eignet sich zur permanenten Selbstkontrolle und führt für Sie so zu einer dauerhaften Zufriedenheit in Preisverhandlungen.

Die hier aufgezeigten Kundenstrategien werden vorab jeweils durch eine allgemeine Erklärung der Strategie erläutert. Damit soll Ihnen verständlich gemacht werden, was der Kunde aus dem Dialog mit Ihnen interpretieren kann, bzw. welche Intention der Kunde bei dieser Strategie hat. Anschließend werden Beispiele und Handlungsalternativen angeboten. Die Auswahl der Antworten ist allenfalls exemplarisch und keinesfalls vollständig. Neuere Erkenntnisse und Entwicklungen sollten Sie erweiternd protokollieren und somit Ihr Know-how im Bereich Verhandlungstechniken stets vervollständigen.

Die Beispiele und Verhaltensmuster sollen Ihnen also nur als allgemeiner Leitfaden dienen. Die wichtigste Disziplin allerdings ist das tägliche Training, das Ihrer Routine am Ende den Rahmen der Professionalität verleiht.

8.1 Die Direktfragestrategien der Kunden

„Welchen Rabatt geben Sie?" – Wissenswertes zu dieser Strategie
Die häufigste Art der Frage nach Rabatt seitens der Kunden ist zweifelsohne die offene und direkte Frage an den Verkäufer. Egal über wie viel Verhandlungsgeschick der Kunde verfügt, und ungeachtet der Tatsache, dass er durchaus aggressivere Strategien beherrscht, beginnt er im Regelfall am Ende eines Verhandlungsgesprächs, einen offenen und zunächst aggressionsfreien Dialog mit Ihnen. Er signalisiert damit nicht nur, dass er sich im Grunde schon für das Produkt entschieden hat, sondern drückt damit in der Regel auch seine Erwartungshaltung an Sie als Verkäufer in der Rolle des Beziehungsmanagers und Preismanagers aus. Der Fragenkatalog ist daher auch, im Gegensatz zu dem des Behauptungsfragers, relativ übersichtlich.

Ihre mögliche Antworten	Hintergründe und mögliche Handlungsalternativen für Sie
„Warum fragen Sie nach Rabatt?"	Anhand der Antwort des Kunden lässt sich seine Strategie ermitteln und oftmals auch schon die gewünschte Rabatthöhe erkennen
„Habe ich einen Fehler gemacht und nicht alle Vorzüge und den Wert der Ware richtig erklärt?"	Warten Sie die Reaktion des Kunden ab und achten Sie insbesondere auf die Körpersprache. Der Kunde könnte das Gefühl bekommen, Sie seien beleidigt. Dieser Eindruck darf nicht entstehen und bedarf ggf. einer sofortigen Korrektur
„Wir gewähren keine Rabatte, aber dürfen wir uns über Skonto unterhalten?"	Der Kunde beachtet oftmals den Unterschied zwischen Rabatt und Skonto nicht. Mit dieser Frage sind wahrscheinlich hohe Rabattforderungen abgewehrt. Verhandelt der Kunde weiter, könnte er bereits eine konkrete Preisvorstellung haben
„Wir gewähren maximal 10% Skonto."	Vor diesem Angebot sollte immer eine andere der genannten Fragen gestellt worden sein. Erkennen Sie, dass keine hohen Rabattwünsche vorliegen, ist es der schnellste Weg zu einem für beide Seiten befriedigenden Ergebnis

„Sagen Sie mir gleich Ihren besten Preis, ich will nicht lange handeln!" – Wissenswertes zu dieser Strategie
Diese Aussage klingt eigentlich fair. Lassen Sie sich als Verkäufer jedoch durch diese Frage nicht in die Enge treiben. Eigentlich verlangt der Kunde an dieser Stelle lediglich eine kurze und prägnante Preisangabe. Er signalisiert damit, dass er nicht wirklich verhandeln will. Deutet er den Wunsch nach einem angemessenen Rabatt an, sollten Sie sofort auf seinen Wunsch eingehen. Haben Sie das Gefühl, dass der Kunde zu hohe Rabattanforderungen hat, versuchen Sie, ihn in längere Verhandlungen zu verwickeln, um Ihr Produkt mit einem angemessenen Preis in Verbindung zu bringen. Nicht immer funktioniert die Methode der Zähigkeit, aber auf jeden Fall reduziert sie den zu gewährenden Preisnachlass.

8.1 Die Direktfragestrategien der Kunden

Ihre möglichen Antworten	Hintergründe und mögliche Handlungsalternativen für Sie
„Was verstehen Sie denn unter besten Preisen?"	Hinterfragen und zäh bleiben ist Ihre Strategie. Der Kunde muss reagieren und Sie erfahren mehr über dessen Vorstellungen. Ist er unsicher, weil er keine konkreten Preisvorstellungen hat, können Sie zur Angebotsstrategie der kleinen Schritte übergehen
„Ist denn der Preis für Sie der einzige Grund, warum Sie bei uns kaufen möchten?"	Machen Sie dem Kunden ein Angebot, dass Sie mit Zähigkeit und Vehemenz vertreten. Vermitteln Sie ihm, dass er sich jetzt genauer äußern muss und fragen Sie geduldig nach. Weichen seine Vorstellungen stark von Ihrem Angebot ab, beginnen Sie, den Preis langsam auszuhandeln
„Leider können wir Ihnen ausschließlich den Preis berechnen, der hier auf dem Preisschild steht."	Diese Art der Antwort funktioniert natürlich nur bei Waren, bei denen eigentlich kein oder nur ein geringer Rabatt möglich ist. Auch ist entscheidend, in welchem Tonfall diese Antwort gegeben wird. Eine leicht humorvolle, in jedem Fall aber höfliche Art ist sicher die Geeignetste

„Ich kaufe schon viele Jahre bei Ihnen, welchen Nachlass geben Sie mir?" – Wissenswertes zu dieser Strategie

Der Kunde signalisiert Ihnen mit dieser Frage zwei wichtige Botschaften:

- Er ist zufriedener Stammkunde, war sowohl mit Ihren Produkten als auch Ihrer Dienstleistung zufrieden und kommt deshalb wieder.
- Er hat bisher keinen hohen Preisnachlass bekommen.

Im Prinzip ist ein solcher Kunde für Sie als Verkäufer ein Wunschkunde. Er ist offensichtlich Ihrem Unternehmen treu, zufrieden und anspruchsvoll hinsichtlich Qualität, Beratung und Service. Und genau das sind die Argumente, die Sie blendend in den Verlauf Ihrer Preisverhandlung einbringen können. Kennen Sie den Kunden noch nicht, weil Sie neu im Unternehmen sind, stellen Sie sich vor und weisen Sie gleichzeitig auf die Vorteile Ihres Unternehmens hin.

Ihre möglichen Antworten	Hintergründe und mögliche Handlungsalternativen für Sie
„Es freut mich, dass Sie ein treuer Kunde sind. Haben Sie nicht auch schon früher einen kleinen Preisnachlass erhalten?"	Anerkennung und Sympathie sind die Erfolgsfaktoren für ein gelungenes Verhandlungsgespräch. Mit dem Hinweis auf einen ‚kleinen' Nachlass signalisieren Sie gleichzeitig, dass sich daran nichts großartig ändern wird
„Schön, dann sind Sie sicher in unserer Kundenkartei – wenn nicht, wer hat Sie beraten oder was haben Sie bislang erworben?"	Immer dann, wenn Sie sich nicht ganz sicher sind, ob es sich wirklich um einen Stammkunden handelt, können Sie durch Nachfragen Informationen und Zeit gewinnen. Auch lassen sich Differenzen klären zwischen „schon seit x-Jahren" aber „erst zweimal gekauft" oder „seit drei Jahren" aber „zehnmal gekauft"

Ihre möglichen Antworten	Hintergründe und mögliche Handlungsalternativen für Sie
„Schön, dass Sie schon seit zehn Jahren unser zufriedener Kunde sind. Ich freue mich, Ihnen in diesem Fall ein besonderes Angebot unterbreiten zu können."	Ein guter Stammkunde hat sicherlich einen berechtigten Anspruch auf einen besonderen Preis. Doch auch hier gilt: Vorsicht! Weisen Sie ein gutes Angebot immer als einmalig aus, damit es bei zukünftigen Käufen nicht zu ewigen Diskussionen um die Höhe des Nachlasses kommt

„Wie viel Rabatt geben Sie mir, wenn ich zwei Teile oder mehrere Teile zusammen kaufe?" – Wissenswertes zu dieser Strategie

Der Kunde hat eine ganz individuelle Vorstellung von Mengenrabatt, wobei – aus wirtschaftlicher Sicht eines Unternehmens – zwei Teile keine Menge sind. Diese Frage wird von Kundenseite auch nur gestellt, wenn der Kunde sich tatsächlich für zwei Teile interessiert. Schon bei der Vorlage sollten Sie darauf achten, ein zusätzliches Teil im Wert der beiden gewünschten Gegenstände zu präsentieren. Das ermöglicht Ihnen später, einen Mengenrabatt zu verhindern und diesen Wunsch zu neutralisieren.

Ihre möglichen Antworten	Hintergründe und mögliche Handlungsalternativen für Sie
„Beachten Sie bitte, dass der Preis für zwei Teile von zusammen 1000 € nicht einmal den Preis ausmacht, den dieses eine Teil alleine kostet."	Diese klare Information nebst der glaubwürdigen Präsentation eines Teiles im Werte von beiden ist für den Kunden nachvollziehbar. Sieht er keine Chance im Mengenrabatt, wird er einen anderen Weg suchen, einen Rabatt zu bekommen. Dem können Sie unter Umständen durch Ihre Angebotsstrategie zuvorkommen
„2 Prozent bei einem Teil, 3 Prozent bei beiden Teilen, evtl. noch dieses dritte Teil dazu, schon erhalten Sie 5 Prozent."	Der direkte Übergang zur Angebotsstrategie ist immer dann sinnvoll, wenn große Rabattforderungen vom Tisch sind. Gegebenenfalls sollten Sie sich auch nicht auf einen Prozentsatz einigen, sondern genaue Beträge formulieren
„Ich muss bei dem Ihnen schon eingeräumten Rabattsatz bleiben."	Immer dann, wenn der von Ihnen noch gerade zu vertretende Höchstrabattsatz nicht akzeptiert wird, müssen Sie weitergehende Forderungen ablehnen und eine andere Verkaufsstrategie anwenden
„Je nach Produkt kann der Mengenrabatt durchaus interessant sein."	Insbesondere, wenn ein tatsächlicher Vorteil daraus entsteht. Der Kunde erkennt, dass weitere Rabattforderungen auch mit einer Abnahme verbunden sind. Das grenzt den Spielraum für den Kunden ein
„Ein Top-, ein Normalteil, ein Slowmover", „Ihr Traumteil, das wunderschöne Ergänzungsstück und etwas Zweckmäßiges ist schon dabei."	Ein Topprodukt, ein Normalprodukt, ein Slow-Mover z. B. Dies kann ihr Angebot sein. Wenn Sie erkennen, dass das Angebot passt, versuchen Sie noch ein Teil dazu zu verkaufen

8.1 Die Direktfragestrategien der Kunden

„Service brauche ich nicht. Rechnen Sie mir den ultimativen Nettopreis aus." – Wissenswertes zu dieser Strategie

Natürlich will der Kunde Service und eventuell ist eine solche Formulierung eine Reaktion auf Ihr Verkaufsgespräch, in dem Sie die perfekte Leistung Ihres Services und natürlich auch die hohe Qualität Ihrer Ware in den Vordergrund gestellt haben. Geben Sie nicht auf und erklären Sie ruhig nochmals, was Ihr Unternehmen von anderen Unternehmen unterscheidet. Und versuchen Sie auf diese Weise den Kunden erneut von dem Produkt, das dieses Extra an Leistung beinhaltet, zu überzeugen.

Ihre möglichen Antworten	Hintergründe und mögliche Handlungsalternativen für Sie
„Ob Sie in Zukunft Service brauchen werden, können Sie jetzt vielleicht noch nicht absehen, außerdem sind wir gesetzlich zur Gewährleistung verpflichtet."	Bei schon vergleichbaren Angeboten weiß der Kunde dies bereits. Aber einen Service via Internet oder in einem Geschäft ohne eigene Servicewerkstatt kennt er vielleicht noch nicht. Hier besteht die Möglichkeit, dem Kunden weitere Informationen zukommen zu lassen und Differenzen zu anderen Anbietern aufzeigen
„Es tut mir leid, doch ist das generell nicht möglich."	Die Prägnanz dieser Antwort signalisiert dem Kunden sofort, dass Sie Ihre Position fest vertreten. Auch ein Mitbewerber wird dem Kunden in diesem Punkt nicht entgegen kommen und meist weiß dies der Kunde
„Was meinen Sie mit ‚ultimativem Preis'?"	Der Kunde ist im Zugzwang, er muss erklären und Sie müssen sich nicht rechtfertigen. Die daraus entstehende Diskussion sollten Sie so lange führen, bis der Kunde Ihnen den gewünschten Preis nennt. Dem kann aber auch schon im Gespräch vorgebeugt werden, z. B. „Es gibt scheinbar immer noch Kunden, die der Ansicht sind, 25 Prozent Rabatt seien bei dieser Ware üblich"
„Kennen Sie die Besonderheit dieser Ware? Diese Ware verfügt über folgende besondere Eigenschaften…"	Die Knappheit/Limitierung an Angeboten oder auch lange Lieferzeiten helfen, große Erwartungen an Preisnachlässen zu dämpfen. Setzen Sie dem ultimativen Preis die ultimative Besonderheit der angebotenen Ware entgegen

„Ich zahle bar – was tun Sie für mich?" – Wissenswertes zu dieser Strategie

Durch diese Information entfällt die Frage nach der Zahlungsart. Der Kunde kennt offensichtlich Rabattverhandlungen und die Rabatthöhe liegt in machbaren Größenordnungen. Trotzdem sollten Sie dem Kunden nicht sofort fünf Prozent Skonto anbieten, sondern auch hier um jedes Prozent intelligent verhandeln. Bitte verwenden Sie auch nur den Begriff Skonto.

Ihre möglichen Antworten	Hintergründe und mögliche Handlungsalternativen für Sie
„Ich kann Ihnen ein hübsches Geschenk anbieten."	Der Kunde wird zum Nachdenken angeregt. Vielleicht hat er auch nicht mit dieser Antwort gerechnet. Ein angemessenes Geschenk sollte in diesem Fall natürlich parat sein
„Sie erhalten drei Prozent Skonto."	Da hohe Rabattforderungen schon durch die Erklärung „ich zahle bar" vom Tisch sind, versuchen Sie schnell eine Einigung herbeizuführen
„Wir haben einen tollen Service, den ich zusätzlich zu den drei Prozent Skonto offerieren möchte."	Bevor der Kunde um ein noch höheres Skonto verhandeln kann, erklären Sie die Vorzüge des Unternehmens, insbesondere die Leistungen, die es von den Mitbewerbern unterscheidet
„1000 € und das exzellente Stück gehört Ihnen."	Appellieren Sie an den potentiellen Besitzerstolz des Kunden, der ein solch wertvolles Stück sein Eigen nennen darf

„Was können Sie hinsichtlich des Preises bei Barzahlung noch tun?"- Wissenswertes zu dieser Strategie

Wenn Sie sich an dieser Stelle des Verkaufsgesprächs mit dem Kunden schon auf einen Preis geeinigt haben und er verhandelt nachträglich zusätzlich um einen Barpreis, haben Sie einen Fehler gemacht. Jedes Angebot, das Sie machen, bezieht sich immer, so sollte es zumindest sein, ausschließlich auf einen Nettobarpreis. Will ein Kunde ohne vorherige Ankündigung mit Kreditkarte zahlen, widersprechen Sie ihm bitte höflich, aber bestimmt. Denn Kreditkartenzahlungen tauchen erst nach der nächsten Kreditkartenrechnung in Ihrer Umsatzbilanz auf. Das Geld fehlt also bis zu diesem Zeitpunkt.

Ihre möglichen Antworten	Hintergründe und mögliche Handlungsalternativen für Sie
„Es kommt auf den Artikel an."	Nicht alle Artikel sind gleich kalkuliert. Machen Sie die Unterschiede deutlich
„Ich habe ein Geschenk für Sie."	Die Statt-Rabatt-Strategie ist immer ein geeignetes Mittel, Rabattforderungen in ihrer Höhe zu regulieren. Das kleine obligatorische Geschenk sollte eigentlich immer erst als „Dankeschön" für den erfolgten Kauf eingesetzt werden. Es kann daher eventuell auch ein weiteres Zusatzteil sein
„Zwei oder drei Prozent Skonto."	Der Kunde hat sich zum Kauf entschlossen. Sie dürfen aber auch bei der Gewährung von Skonto nicht vergessen, dass es zwar nach wenig aussehen mag, sich aber durchaus summiert: ein Prozent Skonto bei 1000 € sind zwar nur 10 € – bei fünf Millionen Euro Jahresumsatz aber insgesamt immerhin 50.000 €
„Nennen Sie mir einen Nettopreis und ich habe ein kleines Geschenk für Sie."	Darauf möchte der Kunde sicher ungern verzichten. Das Geschenk ist ein Vertrauensbeweis, kein Leistungsangebot, und so sollte es auch kommuniziert werden

Fazit zu den Direktfragestrategien der Kunden

Die Erwartungshaltung an den Verkäufer ist außerordentlich hoch – nicht an den Rabattsatz, sondern an das Managen der Kundenwünsche. Der enge Zusammenhang von perfekter Beratungskompetenz und gutem Beziehungsmanagement ist das Fundament der

Kaufentscheidung. Wert, Preis und nicht zuletzt Emotionen sind die wahren Beweggründe für einen Kauf. Eigentlich ist ein Kunde, der solche Strategien verwendet, nicht einmal der typische Rabattjäger. Er erwartet im Regelfall eine schnelle Entscheidung der Preis- und Zahlfrage, die ihm Recht gibt. Im Prinzip ist ein solcher Kunde der Wunschkunde schlechthin – er ist treu und zufrieden, außerdem anspruchsvoll hinsichtlich Qualität und Service. Beim Einsatz von Bargeld können Verkäufer aber auch genau anders herum argumentieren.

▶ **Mein Tipp für Sie** „Bitte kein Verkauf mit Bargeld. Wir müssen aus versicherungstechnischen Gründen sofort einen Geldtransporter bestellen, der das Bargeld abholt. Das bedeutet erhebliche Kosten für uns."

Der Kunde setzt auf die alt bewährte Methode „Bargeld lockt", die aber bei Ihnen nicht zu Nachlässen führen sollte.

8.2 Die Behauptungsfrager

„Ihr Geschäftsführer hat gesagt, ich bekomme mindestens 10 Prozent Rabatt." – Wissenswertes zu dieser Strategie
Diese Behauptung des Kunden erfolgt in der Regel nur dann, wenn tatsächlich schon Vorgespräche gelaufen sind, auf die er sich gegebenenfalls bei Ablehnung seines Wunschrabatts beruft. Nur ist es für Sie durchaus wichtig zu erfahren, wie alt solche Kundeninformationen sind und wie konkret diese sich auf den aktuellen Kauf beziehen. Der Verkauf selbst kann in diesen Fällen eigentlich schon als gesichert gelten, und der Kunde wünscht lediglich ein nettes, bestätigendes Gespräch mit dem Geschäftsführer. Ist dieser im Hause, holen Sie ihn hinzu, wenn nicht, schlüpfen Sie in seine Rolle. In diesem Stadium der Verhandlung geht es lediglich noch um Formalitäten, die für beide Seiten zufriedenstellend besprochen werden müssen.

Ihre möglichen Antworten	Hintergründe und mögliche Handlungsalternativen für Sie
„Ja, gut dass Sie das sagen, ich frage sofort nach."	Rufen Sie den Geschäftsführer. Für den Kunden ist das absolut korrekt. Unter Umständen will er dadurch nur erreichen, den Chef/Geschäftsführer einmal persönlich zu sehen, damit dieser weiß, dass der Kunde mal wieder etwas gekauft hat
„Haben Sie bei unserem Geschäftsführer schon gekauft, und wenn ja, was?"	Auch hier bitte genau nachfragen und Informationen einsammeln. War es damals nur zufällig der Geschäftsführer oder steckt mehr dahinter?
„Sicherlich haben Sie schon etwas mit diesem Rabatt erworben?"	„Aber, bei diesem Teil…" Erklären Sie die Unterschiede zwischen den Artikeln und den Käufen. Möchte der Kunde lediglich einen hohen Prozentsatz, unterbreiten Sie doch ein alternatives Angebot für eines der schlechter verkäuflichen Produkte/Ware im Sonderangebot

Ihre möglichen Antworten	Hintergründe und mögliche Handlungsalternativen für Sie
„Ich kann das gleich morgen mit unserem Geschäftsführer besprechen."	Will der Kunde nicht so lange warten, übernehmen Sie die Preisverhandlung. Erklären Sie, dass es klare Absprachen in Ihrem Hause gibt und Sie daran gebunden sind

Fazit zu dieser Strategie

Die gefährlichsten Rabattversprecher in einer Verhandlung sind oft die Vorgesetzten selbst. Das gibt Ihnen die Möglichkeit, dem Chef zu beweisen, dass es Bereiche gibt, in denen er sich einfach auf Sie verlassen kann und Ihnen höchstmögliche Gestaltungsfreiheit bei Verhandlungen mit dem Kunden einräumen sollte. So können Sie die Behauptung des Kunden über den bereits versprochenen Rabatt durch den Geschäftsführer, zukünftig effizient abwehren.

„Ich bin mit Ihrem Geschäftsführer befreundet und bekomme 10 Prozent Rabatt." – Wissenswertes zu dieser Strategie

Hier empfiehlt es sich, eine kurze Unterredung mit Ihrem Geschäftsführer zu führen bzw. diesen eben nach dem besagten Kunden zu fragen. Sichert Ihr Geschäftsführer nach dem Gespräch den Preisnachlass zu oder segnet die gewünschte Rabatthöhe von 10 % ab, können Sie diese auch gewähren. Doch, wie kann man dem Geschäftsführer noch aus der Verbindlichkeit seiner Zusage helfen und wie kann für die Zukunft eine solche Rabatthöhe verringert werden?

Ihre möglichen Antworten	Hintergründe und mögliche Handlungsalternativen für Sie
„Ich frage sofort bei unserem Geschäftsführer nach."	Das ist eine korrekte, aber fantasielose Antwort. Der Geschäftsführer ist selbst schuld – Ihnen egal, dafür ist er ja Geschäftsführer. Aber es geht doch auch anders!
„Ein Rabatt von 10 Prozent ist bei diesem Stück nicht möglich. Wie haben Sie denn das bei unserem Geschäftsführer erreicht?"	Erst einmal der Widerspruch – damit helfen Sie dem Geschäftsführer, indem Sie dem Kunden verdeutlichen, dass er wirklich außergewöhnliche Konditionen erhalten hat
„Nur der Geschäftsführer kann Ihnen darauf 10 Prozent Nachlass geben. Ich werde ihn sofort rufen."	Ich als Verkäufer kann das nicht – nur der Geschäftsführer! Welchen Eindruck wird das bei dem Kunden hinterlassen? Gehen Sie dann besser gleich zum Geschäftsführer
„Das liegt außerhalb meiner Kompetenz. Ich vermute aber, dass er bei diesem Teil keine 10 Prozent Nachlass einräumen kann. Darf ich Ihnen trotzdem ein Angebot unterbreiten? Dann werden wir sehen."	Wenn der Geschäftsführer und Sie ein Team sind, dann funktioniert dieses Theaterstück. Der von Ihnen informierte Geschäftsführer bietet ein bis zwei Prozent weniger als Ihr Angebot. Sie verhandeln zwischen den beiden Parteien und kommen hoffentlich zu dem Ergebnis, dass Ihr Angebot das Beste für den Kunden ist

8.2 Die Behauptungsfrager

Fazit zu dieser Strategie

Sie erkennen an diesen Beispielen, dass die Flucht aus der Verantwortlichkeit einen schlechten Eindruck beim Kunden hinterlassen kann und Sie damit gegenüber dem Kunden inkompetent erscheinenkönnen. Zehn Prozent mögen für dieses Stück angebracht gewesen sein, für den Kunden bedeutet der Kauf des Produktes aber auch, einen wirklich außergewöhnlichen Wert zu erhalten. Ferner bieten Sie hier dem Geschäftsführer die Möglichkeit, den Kunden auf die Einmaligkeit eines solchen Preises hinzuweisen. Und nur das zählt – eben das Gefühl, das Sie beim Kunden auslösen, wenn Sie ihm die Besonderheit dieser Rabattleistung suggerieren.

„Ich kenne die Frau des Geschäftsführers." – Wissenswertes zu dieser Strategie

Kunden, die vorgeben jeden zu kennen, sind nicht selten und verwenden ihre Bekanntschaften häufig als Strategie. Doch derartige Behauptungen sind sehr rasch zu entlarven und auf den Boden der Realität zu führen. Natürlich müssen Sie dabei immer höflich und korrekt zu Ihrem Kunden sein. Die Nachfragestrategie bietet sich hier besonders an, um die Behauptungen der Kunden anschließend gekonnt zu entkräften.

Ihre möglichen Antworten	Hintergründe und mögliche Handlungsalternativen für Sie
„Darf ich um Ihre Visitenkarte/Ihren Namen bitten. Ich rufe eben bei der Frau des Geschäftsführers an."	Spätestens jetzt offenbart sich, ob es eine wirkliche Beziehung gibt oder lediglich einen einmaligen Kontakt auf irgendeiner Party gab. Vertiefen Sie dies bitte nicht, sondern fragen Sie einfach nur nach
„Dann kennen Sie ja auch die Skontoregelungen unseres Hauses."	Na prima, gefangen in der eigenen Beziehung. Und bestimmt wird der Kunde die Skontoregelung in Ihrem Hause nun wirklich nicht kennen. Also schweigt er und Sie gehen in die bewährte Angebotsstrategie der kleinen Schritte über
„Lassen Sie uns beide das Thema klären, die Frau unseres Geschäftsführers tut sich dabei immer sehr schwer."	Dieses Vorgehen müsste natürlich intern schon geklärt sein. Sonst könnte es zu einem Problem aus Sicht der Frau des Geschäftsführers werden

„Ich kaufe sonst immer bei Ihrer Kollegin, da bekomme ich 5 Prozent mehr Rabatt." – Wissenswertes zu dieser Strategie

Die Fragen der Kunden ändern sich permanent, aber Ihre Strategien können Sie weiterhin einsetzen. Haben Sie nicht auch schon das Gefühl, dies ist für Sie kein Problem mehr? Daher gilt für Sie weiterhin: nachfragen und nochmals nachfragen. Sollte die Aussage des Kunden zutreffen, zeigen Sie die Differenzen zum letzten Erwerb auf und erklären Sie dem Kunden erneut, dass keinesfalls pauschal Rabatte vergeben werden können, sondern diese immer dem Einzelfall entsprechend variieren können.

Ihre möglichen Antworten	Hintergründe und mögliche Handlungsalternativen für Sie
„Bei welcher Kollegin? Ich muss mal eben nachfragen."	Oder war es doch ein anderes Geschäft, ein anderer Artikel oder ein besonderes Angebot? Bevor Sie diese Gedanken an den Kunden weitergeben, prüfen Sie erst einmal ab. Und auch nicht alles auf einmal
„Was haben Sie denn gekauft? Und wie viel? Und wann war das?"	Erstaunlich, was die Kunden so alles im Kopf haben und das über so lange Zeit. Kennen Sie das nicht von Reparaturen? „Das Produkt war erst vor einem Jahr bei Ihnen." Bei genauer Betrachtung Ihres Reparatursystems stellt sich aber heraus, dass es tatsächlich drei oder vier Jahre waren!
„Der gewährte Preisnachlass ist nicht abhängig von der Person, sondern einzig und allein von dem Produkt."	Lassen Sie an dieser Stelle keine Irrtümer aufkommen. Preise sind nicht von den Kollegen im Unternehmen, von der Kaufkraft oder dem Verhandlungsgeschick des Kunden abhängig. Stellen Sie dem Kunden gegenüber immer Wert und Preis als eine ausgeglichene Bilanz dar

Fazit zu dieser Strategie

Erzählungen des Kunden aus der Vergangenheit sind selten präzise und stellen sich bei genauerer Betrachtung oftmals als sehr subjektiv und verzerrt dar. Der Kunde macht diese Angaben in den seltensten Fällen bewusst falsch. Meistens sind Gedächtnislücken hierfür verantwortlich. Der Kauf bei einer Kollegin kann aber auch erst vor wenigen Tagen erfolgt sein. Deshalb prüfen Sie mittels der Nachfragestrategie, was, wann, wie viel, bei wem und warum zu diesem Preis verhandelt wurde. Erst nach Klärung dieser Fakten können Sie angemessen und souverän auf diese Behauptung reagieren.

„Letztes Mal gab es aber mehr Nachlass." – Wissenswertes zu dieser Strategie

Damit kann der Kunde tatsächlich Recht haben, nur heißt das nicht, dass der gleiche Rabattsatz auch für seinen nächsten Einkauf gilt. Rabatte werden immer individuell und nach bestimmten Kriterien vergeben. Auch in diesem Fall muss zunächst geklärt werden, um welches Produkt es sich gehandelt hat und unter welchen Bedingungen dieses erworben wurde. Die Nachfragestrategie sollte hier aber dennoch nicht sofort eingesetzt werden. Sie sollten zudem nicht sofort auf die Argumentation des Kunden eingehen, um zu vermeiden, dass der Eindruck entsteht, Sie hätten keine Bedenken hinsichtlich einer Gewährung des Rabattes und wollten lediglich noch die genaue Rabatthöhe von damals erfragen. Daher sollten hier zunächst Widerspruchs- und Informationsstrategie zum Einsatz kommen.

Ihre möglichen Antworten	Hintergründe und mögliche Handlungsalternativen für Sie
„Die Möglichkeiten eines Preisnachlasses sind je nach Warengruppe und Artikel sehr unterschiedlich."	So haben Sie noch nicht direkt widersprochen, aber informiert, dass der Rabattsatz vom letzten Mal nicht mehr gilt. Gehen Sie aber erst genauer auf die Unterschiede ein, wenn Sie wissen, was beim letzten Mal verkauft wurde. Trotz der möglichen Antwort sollten Sie nie die unterschiedlichen Warengruppen und Artikel an einen konkreten Rabattsatz binden

8.2 Die Behauptungsfrager

Ihre möglichen Antworten	Hintergründe und mögliche Handlungsalternativen für Sie
„Bei Sonderbestellungen und Anfertigungen besteht keine Rabattmöglichkeit."	Verborgener Widerspruch und die Informationsstrategie sind hier die richtigen Mittel. Aber die reine Informationsstrategie reicht nicht aus. Verbessern Sie das Verständnis über den Zusammenhang von Wert und Preis. Und Exklusivität bedeutet nicht nur einen hohen Preis, sondern auch einen emotionalen Wert für den Kunden
„Es mag sein, dass es spezielle Preise in unserem Hause für Modelle, die wir nicht mehr im Sortiment haben, gab."	„Na prima", denkt der Kunde, „einen Ladenhüter haben die mir damals verkauft". Sie erkennen direkt, wie ungeschickt die Informationsstrategie sein kann, wenn Fakten nur vermutet werden. Achten Sie daher immer auf die Formulierungen
„Selbstverständlich räumen wir unseren guten Kunden immer einen Preisvorteil ein. Das geht allerdings nicht immer in gleicher Höhe. Wir haben sogar Waren, die nicht nur ohne Nachlass verkauft werden, sondern für die sogar Aufpreis gezahlt wird."	Die Informationsstrategie zur Differenzierung von verschiedenen Produkten ist unerlässlich. Verständlich erklärt oder durch die Demonstration von Waren mit Sonderpreisen und die damit einhergehende Erklärung zur Rabattbildung, führt dieses zur Akzeptanz beim Verhandlungspartner. Besonders bei Limitierungen oder Produkten mit langen Lieferzeiten hat sich diese Vorgehensweise bewährt

Fazit zu dieser Strategie

Mit der Aussage, „Das letzte Mal gab es mehr Rabatt", sollte der Kunde auch Recht behalten. Nicht jede Behauptung muss zwangsläufig eine Lüge sein. Aufgrund verschiedenster Faktoren wie der Umschlagsgeschwindigkeit, der Exklusivität oder des Materials können Rabatte von Fall zu Fall variieren. Sie erkennen, dass das bloße Ablehnen von Rabatten nicht ausreicht. Die Zusammensetzung und das Zustandekommen von Rabatten müssen in einigen Fällen dem Kunden angemessen verständlich erklärt werden. Wichtig ist dies als Prävention hinsichtlich weiterer Rabattforderungen des Kunden bei seinem nächsten Kauf in Ihrem Geschäft.

„Gegenüber/Woanders bekomme ich 20 Prozent Preisnachlass." – Wissenswertes zu dieser Strategie

Diese Behauptung ist nahezu jedem Verkäufer aus eigener Erfahrung bekannt. Nur, was meint der Kunde mit „woanders" wirklich? Meint er die Schweiz, ein anderes Land oder ist tatsächlich der Mitbewerber von gegenüber gemeint, der so viel günstiger sein soll als Sie? Natürlich kennen Sie Ihre Mitbewerber recht genau und glauben zu wissen, ob diese solche unangemessenen Angebote machen. Die Erfahrung zeigt aber, dass auch der scheinbar härteste Rabattmitbewerber nicht immer seinem Ruf gerecht wird. Prüfen Sie deshalb jedes Angebot auf seine Richtigkeit. Stellen Sie etwaige Vorurteile dem Mitbewerber gegenüber an dieser Stelle zurück und konzentrieren Sie sich ganz auf den Dialog mit Ihrem Kunden, indem Sie hier geschickte Fragen stellen. Vertrauen Sie auf das Wissen um Ihre Verhandlungstechniken.

Ihre möglichen Antworten	Hintergründe und mögliche Handlungsalternativen für Sie
„Warum fragen Sie bei einem so unvorstellbaren Angebot noch bei uns?"	„Nun, ich habe geglaubt, bei Ihnen bekomme ich noch mehr Rabatt", ist eine nicht seltene aber schlagfertige Antwort des Kunden. Aber gleichzeitig sehen Sie auch das drohende Problem. Immer, wenn er ein Angebot erhalten hat, wird es erweitert – warum soll man, wenn 15 % gewährt wurden, nicht nach 20 fragen? Und an diesem Punkt können Sie prima ansetzen. Sprechen Sie offen über seine Strategie und widersprechen Sie und zwar gründlich, wenn Sie keinesfalls zu diesem Rabattsatz verkaufen wollen. Im entscheidenden Moment ist ein Strategiewechsel erforderlich, der durchaus schon in eine Angebotsstrategie übergehen kann
„20 Prozent? Auf welchen Preis? Bei wem? Handelt es sich um den gleichen Artikel mit gleichen Leistungen?"	Die Nachfragestrategie hilft bei der Klärung, ob es sich wirklich um das gleiche Stück bei gleicher Leistung handelt. Das Angebot einer Versteigerung oder aus dem Internet ist z. B. nicht vergleichbar. Je mehr Sie hinterfragen, umso mehr tauchen Differenzen oder Unstimmigkeiten auf und Sie erkennen, ob der Kunde blufft
„Wo ist ‚woanders'?"	Auch hier gilt die Nachfragestrategie als ein sicherer Schritt in Richtung Informationsgewinnung
„Kennen Sie die Vorzüge unserer Firma?"	Ein kleiner Umweg hilft dabei, an andere Informationen zu gelangen. Vorzüge sind immer die Eigenschaften unserer Unternehmen, die der Mitbewerber nicht bieten kann. Über die Art der Antwort lassen sich nicht nur das ‚Wer', ‚Wie', ‚Wo', ‚Was', ‚Warum' sondern auch das ‚besser' oder ‚anders' herausarbeiten. Für besseren Kundendienst und höhere Kompetenz zahlt der Kunde durchaus mehr
„Tut mir leid, dann müssen Sie dort kaufen."	Immer dann, wenn Sie sich sicher sind, dass der Kunde blufft, kann diese Antwort richtig sein. Auch hier müssen Sie beobachten, wie er reagiert. Hadert er, haben Sie gewonnen. Verzeihen Sie ihm aber seine offenkundige Lüge schnell. Wenn Sie jetzt sofort handeln und unter Umständen in die Angebotsstrategie wechseln, sind Sie schnell am Ziel. Hierbei sollten Sie immer die Frage nach der Art der Bezahlung stellen
„Das glaube ich nicht."	Einen direkteren Widerspruch gibt es wohl kaum. Aber hier müssen Sie sich auch ganz sicher sein und nach Prüfung der Reaktion des Kunden mit einer Nachfragestrategie beginnen. Der Überraschungseffekt des Widerspruchs eröffnet die Möglichkeit, den Wahrheitsgehalt der Kundenäußerung zu überprüfen

Fazit zu dieser Strategie
Sie sollten sich als Verkäufer fragen, warum der Kunde bei einem solch unvorstellbaren Angebot noch in Ihrem Unternehmen nach Preisnachlass fragt. Es gibt nur einen Grund: Der Kunde will von Ihnen noch mehr Rabatt erhalten. Dieser Forderung muss mit einer geschickten Mischung aus Strategien begegnet werden, um die utopischen Forderungen einzudämmen. Hartnäckiges Nachfragen bestimmt das Bild in dieser Verhandlung, bis sich die ersten Widersprüche beim Kunden einstellen – dann wird es für Sie einfach: „Tut mir leid, dann müssen Sie dort kaufen." – „Das glaube ich nicht". Der offene Widerspruch

8.2 Die Behauptungsfrager

darf aber nie ohne Angebote geäußert werden; wie z. B.: „Kennen Sie die Vorzüge unserer Firma?" Der größte Vorzug Ihrer Firma sind Sie, der rabattfeste Beziehungsmanager, der es schafft, gelebte Wahrhaftigkeit von Pokerstrategien zu trennen! Der Gewinner aber ist auch der Kunde, der dann weiß, was Preis und Leistung in Ihrem Unternehmen ausmachen und dass er ehrlich und fair durch Sie beraten wurde.

„Bei dem Unternehmen, bei dem ich sonst kaufe, bekomme ich 25 Prozent Nachlass, er hat die Ware nur nicht da." – Wissenswertes zu dieser Strategie

An dieser Behauptung mag oftmals durchaus etwas Wahres sein. Solche Kunden sind schwer als Stammkunden zu gewinnen, da sie, wie sie bereits erwähnt haben, scheinbar bereits feste Kunden bei einem anderen Unternehmen sind. Trotzdem sollte nichts unversucht bleiben, diese Kunden zu begeistern und zukünftig an Sie zu binden. Deshalb ist gerade hier eine besonders genaue Analyse der Gesprächssituation erforderlich. Anhand der folgenden Antworten erkennen Sie die Vielzahl der möglichen Strategien.

Ihre möglichen Antworten	Hintergründe und mögliche Handlungsalternativen für Sie
„Wir haben eine starke Nachfrage und daher keinen Grund, Rabatt zu gewähren."	Gerade die Exklusivität der Waren führt ja diesen Kunden zu uns. Heben Sie diese daher besonders hervor und damit auch die nicht gegebene Vergleichbarkeit mit anderen Waren, z. B. seines Stammunternehmens
„Aufgrund unserer breiten Auswahl sind solche Nachlässe nicht möglich."	Auch hier zielen Sie auf Ihr besonderes Leistungsangebot ab und auf den Widerspruch zu dem, was der Kunde vielleicht bei seinem Unternehmen bislang an Rabatten bekam. Unter Umständen kann er dort nicht mehr kaufen, da der Mitbewerber mittlerweile sein Geschäft oder Unternehmen aufgegeben hat. Auch dieses kann man gegebenenfalls mit der Nachfragetechnik erfahren und klären
„Wir haben die Ware vorrätig und räumen Ihnen gerne 5 Prozent Skonto bei Barzahlung ein. Auch unser Service ist immer für Sie da."	Sofort sollten Sie die Angebotsstrategie nutzen. Der Kunde erkennt, dass zwischen seinen 25 % und Ihrem Skonto-Angebot eine unüberbrückbare Kluft liegt. Muss der Kunde relativ lange überlegen, haben Sie schon einen Teilsieg errungen. Verdeutlichen Sie den Unterschied zwischen Ihren exklusiven Waren und Marken und No-Name-Produkten
Wer ist der besagte Händler, warum gewährt er 25 % Rabatt, ohne die Ware vorrätig zu haben?	Hinter dieser Nachfragestrategie steckt mehr – der Fokus liegt auf der Verdeutlichung, dass der Händler die Ware nicht besorgen kann. Hat der Händler nicht den entsprechenden Lieferanten? Muss die Ware über Umwege bezogen werden? Ist er kein offizieller Händler? Liegen finanzielle Gründe vor, warum er nicht liefern kann? Schärfen Sie durch Nachfragen auch das Nachdenken des Kunden
„Wie sind Sie auf unser Unternehmen aufmerksam geworden?"	Die indirekte Nachfragestrategie ist darauf angelegt zu erfahren, wie gut der Kunde Ihr Unternehmen kennt. Im Übrigen ist dies eine Antwort, die auf zahlreiche Fragestellungen von Kunden passt und Ihnen hilft, Zeit zum Überlegen zu gewinnen, wenn Sie noch keine anwendbare Strategie gefunden haben

Fazit zu dieser Strategie
Frage, Analyse und Strategielösung – eine nicht ganz einfache Aufgabenstellung, die sich allerdings in einem Gespräch viel einfacher gestaltet, als sie sich vielleicht auf dem Papier liest. Eines ist aber scheinbar sicher: Der Mitbewerber hat die Ware nicht vorrätig. Warum wohl nicht? Auch der Unterschied hinsichtlich der Rabatthöhe lässt die Nachfragestrategie als geeignete Maßnahme erscheinen. Der Dialog mit dem Kunden sollte sich daher immer eher auf die Leistungsmöglichkeit als auf die Rabatthöhe konzentrieren, denn letzten Endes kauft der Kunde Ihre Ware und nicht Ihren Rabatt.

„In der Schweiz/im Ausland bekomme ich die Ware 20 Prozent günstiger."- Wissenswertes zu dieser Strategie
Dies ist eine der ältesten und am häufigsten verwendeten Behauptungen vor allem beim Kauf hochwertiger Markenuhren. Früher war es tatsächlich so, dass es erhebliche Preisdifferenzen zwischen Deutschland und der Schweiz gab. Diese Differenzen sind allerdings im Zuge der fortschreitenden Globalisierung deutlich geringer geworden, eigentlich lohnt es sich für einen guten Stammkunden unseres Unternehmens nicht mehr, in die Schweiz zu fahren und dort direkt zu kaufen. Hinter dieser Fragestellung lässt sich aber der alte „Uhrenkauf-Adel" vermuten, der seine Rabattforderungen noch aus Erfahrungen der Vergangenheit aufbaut. Hierbei handelt es sich somit auch um Kunden, die von Händlern sehr geschätzt werden.

Ihre mögliche Antworten	Hintergründe und mögliche Handlungsalternativen für Sie
„Zu welchem Wechselkurs haben Sie Ihre Berechnungen angestellt?"	Natürlich sollten Sie sich hin und wieder nach dem Wechselkurs des Schweizer Franken erkundigen. Nennt der Kunde Ihnen den Wechselkurs sofort, hat er ein konkretes Angebot, das Sie nachrechnen sollten. Sollte ihm die Antwort schwer fallen, blufft er. Das ist Ihr Zeichen für die sofortige Übernahme der Verhandlung. Die Vorteile Ihres Unternehmens, Service und Zusatzleistungen sollten sodann hervorgehoben werden. Sie sollten dem Kunden das Angebot eröffnen, ihm doch etwas mehr als nur Skonto bieten
„Bei genauer Prüfung Ihrer Kosten werden Sie feststellen, dass die Uhr beim Kauf in der Schweiz auch nicht günstiger ist."	Nur um zu kaufen, in die Schweiz reisen? Von Freiburg ist dies sicherlich einfacher und günstiger als von Norddeutschland oder dem Ruhrgebiet aus. Verweisen Sie auf die hohen Reisekosten und die hohen Preise in der Schweiz und vertreten Sie Ihr Angebot mit Geduld und Zähigkeit. Bleiben Sie dabei höflich und sachlich. Achten Sie auf die Signale des Kunden und nehmen Sie sie in Ihr Gespräch mit auf
„Auf welchen Preis?"	Dies ist eine nicht so exakte, aber durchaus strategisch richtige Gegenfrage, die dem Kunden viele Antworten offenlässt. Da er die aus seiner Sicht wichtigste Antwort zuerst nennen wird, wissen Sie dann, wo Sie am besten ansetzen und können durch präzisere Fragen zur Konkretisierung der Preisvorstellungen des Kunden gelangen

Ihre möglichen Antworten	Hintergründe und mögliche Handlungsalternativen für Sie
„Da wir die Ware ordnungsgemäß einführen, ist das bei uns leider nicht möglich."	Zoll und Mehrwertsteuer führen tatsächlich zu geringfügig anderen Preisen. Bei Gewährung von 20 % Rabatt muss natürlich ein Angebot eines dortigen Juweliers vorliegen. Versuchen Sie, dieses Angebot in Erfahrung zu bringen. Nachstehendes Rechenbeispiel soll Ihnen dieses verdeutlichen
„Schon hier erkennen Sie, dass allein um Steuer und Zoll bereinigt, das Angebot in Deutschland günstiger ist."	Ohne dass Sie Skonto gewähren, liegt der Preisvorteil mit offizieller Einfuhr bei lediglich vier Prozent. Der Nachlass des Juweliers in der Schweiz müsste demnach ca. fünf bis neun Prozent betragen. Welchen Preis ist der Kunde wirklich bereit zu zahlen? Bauen Sie ihm eine Brücke zwischen ersparten Reisekosten, Sicherheit, Leistungsvorteilen, Service und Integrität Ihres Unternehmens und der sich dann noch immer ergebenden Preisdifferenz
„Die Ware ist mehrwertsteuerpflichtig – wir würden uns strafbar machen."	Kurz und knapp – aber zu kurz und knapp, wenn nicht noch einige Erläuterungen dazu kommen. Wie im Beispiel zuvor haben Sie nach Prüfung der Vorstellungen des Kunden noch viele weitere Ansatzmöglichkeiten

Fazit zu dieser Strategie
Bei dieser Strategie ergeben sich viele Ansatzmöglichkeiten. Schließlich gibt es im Vergleich zu einem Kauf in der Schweiz nur eine geringe Preisdifferenz und bei uns ein Höchstmaß an Sicherheit bezüglich der Steuern. Feingefühl und Gespür für die Belange des Kunden lassen die Differenz zwischen den Preisvorstellungen des Kunden und der realistischen Rabatthöhe deutlich werden.

„Bei Ihrem Mitbewerber bekomme ich aber solche Prozente." – Wissenswertes zu dieser Strategie
Diese Behauptungsstrategie ist für Sie als Verkäufer ein alter Hut, wobei vor allem fraglich ist, welche Konditionen der Mitbewerber dem Kunden tatsächlich gewährt. Um welchen Mitbewerber handelt es sich überhaupt? Einen Orientteppichhändler oder tatsächlich den Kollegen namens „Rabatt-Rambo"? Sie sollten jedes Angebot im Einzelfall prüfen und sorgfältig analysieren. Konzentrieren Sie sich auf den Kunden und weniger auf das möglicherweise ärgerliche Angebot eines Mitbewerbers, das Sie in Ihrer Preisverhandlung blockieren könnte. Aus Erfahrungswerten weiß man, dass der Kunde nach jedem Besuch in einem Unternehmen, in dem er nach Rabatt fragt, seine Frage nach Rabatt erhöht.

Ihre möglichen Antworten	Hintergründe und mögliche Handlungsalternativen für Sie
„Bei welchem Mitbewerber erhalten Sie…?"	Klar, der Kunde soll Farbe bekennen. Aber am Tonfall merken Sie, ob Sie direkt mit der Tür ins Haus fallen. Er hat es ebenso getan und gab sogar die Vorlage dafür. Sie wissen doch, was konkretes Nachfragen für die noch folgenden Kundenstrategien bedeutet?
„Sie haben aber doch sicherlich Gründe, warum Sie dort nicht kaufen."	Eigentlich nichts anderes als die Widerspruchsstrategie. Und doch steckt mehr dahinter – nicht die Neugierde, wer der Mitbewerber ist, sondern die Frage nach den Kaufentscheidungsgründen. Ist für den Kunden der Preis nicht alles oder war der Prozentsatz ein Bluff?

Ihre mögliche Antworten	Hintergründe und mögliche Handlungsalternativen für Sie
„Handelt es sich um dieselbe Ware mit gleicher Garantie? Ist der Händler auch ein offizieller Konzessionär?"	Dass Sie hier nachfragen können, wissen Sie bereits. Je mehr Sie nachfragen, desto mehr Unstimmigkeiten und Differenzen tun sich auf. Und spätestens da wissen Sie nunmehr, welche Strategien Sie einsetzen sollten
„Was hat Sie bewogen, doch bei uns kaufen zu wollen?"	Treffsicherer können Sie den Kunden nicht aus der Reserve locken. Er soll Ihnen erzählen, warum Ihr Unternehmen besser ist als das des Mitbewerbers. Ab jetzt ein Kinderspiel für Sie

Fazit zu dieser Strategie

Natürlich kennen Sie Ihre Mitbewerber und der Kunde im Regelfall auch. Doch jeder Regelfall ist beim Kauf ein Einzelfall. Trennen Sie an dieser Stelle die Spreu vom Weizen! Beginnen Sie mit der Nachfragestrategie und wechseln Sie nach widersprüchlichen Informationen des Kunden in die Angebotsstrategie der kleinen Schritte. Auf diese Weise können Sie gegenstandslose Behauptungen nach kurzer Zeit entkräften.

„Dieses Produkt gab es auf der letzten Messe/Börse 500 € günstiger." – Wissenswertes zu dieser Strategie

Börsen sind ein besonderer Angebotsmarkt, der sich im Ansehen der Endverbraucher durchaus etabliert hat. Im Gegensatz zum Internet ist die Ware haptisch präsent, das heißt fühlbar, erfahrbar und damit leichter zu beurteilen. Die Tatsache, dass der kostenintensive Ladenbau hier nicht vorzufinden ist, stört den Kunden wenig, beraten wurde er ja schließlich bereits bei Ihnen im Fachhandel. Wenn dieses Angebot nicht mehr in Luxusgeschäften, sondern z. B. bei Discountern angeboten wird, interessieren ihn Produkt und Preis nicht mehr. Der Kunde muss sich darüber bewusst werden, dass man den Spezialfall einer Börse oder Messe nicht mit dem Fachhandel vergleichen kann. Das Resultat sind unterschiedliche Preise, die Sie dem Kunden verständlich und einfühlsam erklären sollten.

Ihre möglichen Antworten	Hintergründe und mögliche Handlungsalternativen für Sie
„Das ist durchaus möglich. Die Produkte auf Messen/Börsen sind durchweg keine Neuwaren und oftmals ohne Werksgarantie und Service"	Bestätigen können Sie dem Kunden natürlich seine Angaben. Im Gegensatz zum oftmals angewandten Widerspruch, wie z. B. „unmöglich – wer macht solche Angebote?", lässt die Bestätigung den Kunden zunächst ruhiger und besonnener auf die Verhandlung reagieren
„Die Herkunft dieser Waren ist nicht immer sicher/eindeutig/identifizierbar."	Achten Sie auf die Reaktion des Kunden. Dies könnte der erste Ansatz für eine Angebotsstrategie sein
„Sind Sie sich sicher, dass es sich dabei um das gleiche Produkt handelt? Oftmals ist das Aussehen gleich, aber das Innenleben unterscheidet sich erheblich."	Prüfen Sie grundsätzlich, ob der Kunde wirklich das Angebot auf einer Börse bekommen hat und vor allem, ob es sich bei diesem Angebot tatsächlich um das gleiche Produkt handelt. Schon bei dem kleinsten Unterschied sind Sie aus dem direkten Preisvergleich der beiden Produkte raus

8.2 Die Behauptungsfrager

Fazit zu dieser Strategie
Fragen Sie sich als Verkäufer an dieser Stelle, aus welchem Grund der Kunde dieses Angebot dann nicht angenommen hat. Durch indirektes Nachfragen lassen sich wahrscheinlich die häufigsten Gründe für den Nichtkauf ermitteln. Meistens ist es die Unsicherheit bezüglich der Echtheit und Legalität der Warenbeschaffung. Doch bauen Sie nicht zu intensiv auf dieses Thema. Erwähnen sollten Sie es, aber denken Sie mehr darüber nach, wie Sie die Vorteile Ihres Unternehmens in den Vordergrund stellen können, um Ihr Produkt entsprechend zu verkaufen.

„Meine Freundin Anne hat gesagt, man bekommt bei Ihnen diese Prozente." – Wissenswertes zu dieser Strategie
Stimmt es oder stimmt es nicht – das ist hier die Frage. Und wenn diese Information tatsächlich zutreffend ist, gilt sie dann auch für diesen Kauf? Es liegt in der Natur der Kunden, ihrem Umfeld von vorteilhaften Einkäufen zu berichten, besonders Bekannten, Freunden und der Familie gegenüber. Doch allzu oft wird dabei maßlos übertrieben oder der Sachverhalt einseitig und nicht unter Beachtung aller Einzelheiten wiedergegeben. Sie sollten wissen, dass diese Behauptungen oftmals gutgläubig geäußert werden und bei einer verzerrten Darstellungsweise keine böse Absicht dahinter steckt. Es gibt aber auch neugierige Kunden, die manchmal nur überprüfen wollen, ob die Erzählungen der Freunde und Bekannten der Wahrheit entsprechen, und die daher keine konkrete Kaufabsicht haben!

Ihre möglichen Antworten	Hintergründe und mögliche Handlungsalternativen für Sie
„Wie lautet der Name Ihrer Freundin genau und welchen Artikel hat sie bei uns erworben?"	Hinterfragen Sie möglichst alles schnell. Arbeiten Sie die Unterschiede zwischen den Waren heraus
„Wo hat Ihre Freundin diesen Artikel gekauft?"	Es ist durchaus möglich, dass ein anderes Geschäft gemeint war
„Wann hat Ihre Freundin denn bei uns gekauft?"	War es unter Umständen mal eine Sonderaktion, ein Jubiläumsverkauf oder ein Einzelstück, das zu einem besonderen Preis erworben wurde?
„Ja, das ist richtig. Wir haben auch für Sie spezielle Angebote."	So war das mit der Information der Freundin. Anhand der Körpersprache entdecken Sie den Wahrheitsgehalt der Äußerungen der Freundin. Die direkte Nachfrage, für welches Angebot der Rabatt gewährt wurde, leitet den Strategiewechsel ein

Fazit zu dieser Strategie
Hinterfragen und Klären sind für den Verkäufer die besten Werkzeuge für ein harmonisches und zielgerichtetes Verkaufsgespräch. Wie viel Wahrheit in dem steckt, was Freunde und Bekannte untereinander austauschen, kann nicht pauschaliert werden, es ist von Fall zu Fall unterschiedlich. Vermeintlich dicke Prozente sollten immer klargestellt werden. Was sind nach der Vorstellung des Kunden schon XXL-Prozente im Verhältnis zu einem echten Qualitätsprodukt von bleibendem Wert?

„Mein Bekannter bekommt bei Ihnen 20 Prozent Rabatt." – Wissenswertes zu dieser Strategie

Dies ist eine typische Standardstrategie von Kunden, die wir in ähnlicher Form bereits besprochen haben. Es könnte sich dabei entweder um eine dreiste Behauptung handeln oder eine Strategie um herauszufinden, ob der Bekannte nun wirklich 20 % Rabatt bekommen hat. „Auf welchen Artikel und warum?", so sollten Ihre erste Frage an den Kunden lauten. Dass ein Bekannter des Kunden tatsächlich einen Nachlass bekommen hat, ist im Bereich des Möglichen, nur kann dieser Nachlass nicht auf alle Produkte übertragen werden. Für den Verkäufer ist es in diesem Falle wichtig herauszufinden, was genau hinter dieser Aussage steckt. Von der Nachfragestrategie bis hin zum Widersprechen ist alles möglich, um an hilfreiche Antworten zu kommen, mit denen Sie weiter arbeiten können. Am sinnvollsten ist hier jedoch ein gestuftes System von Nachfragen.

Ihre möglichen Antworten	Hintergründe und mögliche Handlungsalternativen für Sie
„Ist Ihr Bekannter in unserer Kundenkartei?"	Diese Frage kann der Kunde nur in den seltensten Fällen beantworten – er merkt aber, dass Sie die Behauptung prüfen werden und nicht locker lassen. War es lediglich eine Behauptung um zu bluffen, wird der Kunde weitere Aussagen so zu formulieren wissen, dass sie glaubhaft sind
„Wer hat wann, was gekauft?"	Fragen Sie die vorgetragenen Informationen gründlich ab. Je nach Verhandlungsverlauf können Sie den Wahrheitsgehalt der Behauptung erkennen. Je mehr Informationen Sie erhalten, desto mehr Verhandlungsmöglichkeiten bestehen für Sie
„Kaufen Sie das erste Mal bei uns?"	Auch eine Nachfragestrategie, aber mit anderem Hintergrund. Ist der Bekannte eventuell schon langjähriger Stammkunde? Ein Neukunde muss sich seinen Anspruch auf Rabatt erst verdienen. Wäre jeder Neukunde gleich Stammkunde, wo bliebe dann der Anspruch des Stammkunden auf seinen fairen Stammkundenpreis?
„Das ist bei uns im Hause nicht möglich."	Diese Widerspruchsstrategie ist gerade bei den Waren einzusetzen, bei denen selbst der beste Stammkunde einen solchen Preis nicht erhalten würde. Es sollte sofort die Klärungsstrategie im Wechsel mit der Nachfragestrategie angewendet werden
„Das ist durchaus möglich, wir haben immer interessante Sonderangebote. Was darf ich Ihnen zeigen?"	Schwupps – das war aber ein Frontalangriff. Er muss sehr wohl überlegt sein. Der Kunde darf sich nicht zu einem Schnäppchenjäger degradiert fühlen. Milde formuliert hat dies jedoch dennoch seine Reize

Fazit zu dieser Strategie

Zunächst einmal dürfen Sie zufrieden sein, wenn ein Kunde dies bei Ihnen behauptet. Der scheinbare Bekannte hat ihn geschickt, was für eine gute Reputation und guten „Word Of Mouth" Ihres Unternehmens spricht – ob wegen der 20 % Rabatt oder auch wegen des guten Warenangebotes, Ihres guten Services oder der qualifizierten Beratung. Nachfragestrategie und Widerspruch sind Ihre Einsatzwerkzeuge, um hier zielgerichtet zu agieren.

Letzten Endes sollten Sie auf jeden Fall erreichen, dass der Kunde sich bei seinem Bekannten für die ausgezeichnete Empfehlung an Ihr Unternehmen bedankt.

„Ich habe schon immer Prozente bekommen." – Wissenswertes zu dieser Strategie
Diese Aussage des Kunden mag durchaus der Wahrheit entsprechen. Vielleicht erhält er auch bei diesem Kauf Rabatt – nur in welcher Höhe? Die Höhe des Rabattes kann unmöglich bei jedem Kauf gleich sein, da die Höhe des Preisnachlasses, wie hier bereits angesprochen, von diversen Faktoren wie Umschlagsgeschwindigkeit, Warengruppe, Marke usw. abhängig ist. Ob Informations-, Klärungs- oder Marginal-/Kolossalstrategie – hier hilft fast jede Strategie, um auf die Aussage des Kunden zu reagieren. Doch analysieren Sie selbst einmal die Behauptung des Kunden: Prozente hat er bekommen, die Höhe jedoch nicht bestimmt, aber zum Kauf hat er sich dennoch entschlossen. Die Bestätigung seines Kaufs steht im Vordergrund. Das Preis-Leistungs-Verhältnis hat er bereits akzeptiert. Lediglich die Wertschätzung für seine Person fehlt ihm noch. Diese müssen Sie ihm unbedingt vermitteln und zwar nicht nur durch den Preis. Statt-Rabatt-Strategie, Gegenleistungsstrategie und gerade die Bestätigungsstrategie können Ihnen hierbei weiterhelfen, um dem Kunden genau die Wertschätzung entgegenzubringen, die er noch benötigt, um den Kauf endgültig abzuschließen.

Ihre möglichen Antworten	Hintergründe und mögliche Handlungsalternativen für Sie
„Wo? Bei uns?"	Eine fast unschuldig wirkende Gegenfrage. Erteilen Sie dem schon immer gewährten Rabatt eine Absage und bauen Sie dem Kunden neue Möglichkeiten auf. Suchen Sie selbst nach Möglichkeiten, das Anspruchsdenken des Kunden an Ihr Unternehmen zu erfahren, um ein Angebot auf der Basis von Preis, Leistung und Zugehörigkeit des Kunden zu Ihrem Unternehmen zu unterbreiten
Wenn die erste Frage positiv beantwortet wurde… „Ich bedanke mich für Ihr Vertrauen. Sind Sie in unserer Stammkundenkartei?"	Bestätigung für das Vertrauen in der Vergangenheit ist die beste Grundlage für das Verhandlungsgespräch. Vertrauen und Bestätigung sind für den Kunden die Basis der Kaufentscheidung. Das Vertrauen ist gegeben, die Bestätigung verlangt er noch. Diese müssen Sie jetzt noch vermitteln, vielleicht mit einer Statt-Rabatt-Strategie?
„Darf ich fragen, bei wem in unserem Hause Sie sich für gewöhnlich beraten lassen?"	Nachfragen und Informationen gewinnen, das ist die Devise. Die entscheidende Frage ist, wie viel Prozent Rabatt möchte der Kunde. Aber keinesfalls sollten Sie fragen, „Was hatten Sie sich denn so vorgestellt?"
„Sind Sie Stammkunde?"	Jeder Kunde, auch derjenige Kunde, der noch keiner Ihres Geschäftes ist, möchte es gern sein. Mit „Stammkunde" wird vom Konsumenten auch immer ein Preisvorteil verbunden. Schaffen wir in unserem Unternehmen auch noch auf andere Weise Stammkundenbindung?
„Für welche Ware?"	Letztendlich ist auch das entscheidend. Jede Ware hat ihren Preis. Vom Modell mit fünf Jahren Lieferzeit bis zum Ladenhüter. Aber ist nicht auch der Ladenhüter irgendwann ein Unikat? Sie kennen doch Ihre Möglichkeiten am besten

Fazit zu dieser Strategie

Inzwischen müssten Sie bemerkt haben – egal wie die Strategie des Kunden aussieht, Sie verfügen für jede Eventualität über die passende Gegenstrategie. Wer fragt, gewinnt. Anhand der für Sie möglichen Antworten sehen Sie auch, wie einfach es gehen kann – jedoch muss dies nicht immer so sein. Erst das Training macht den Meister in Sachen Preisverhandlung. Welche Möglichkeiten ergeben sich alleine durch den Einsatz verbaler und nonverbaler Elemente für die Verkaufsverhandlungen? Reflektieren Sie nach Gesprächen immer wieder selbst Ihre Vorgehensweise.

„Ich habe gehört, Sie haben Hauspreise." – Wissenswertes zu dieser Strategie

Aus der Werbung oder durch Preistafeln sind dem Kunden möglicherweise Hauspreise bekannt. Entstanden ist der Hauspreis noch zu Zeiten des Rabattgesetzes, bei dem maximal 3 % Skonto gewährt werden durften. Das Rabattgesetz ist allerdings mittlerweile abgeschafft, aber in den Köpfen der Endverbraucher noch immer vorhanden. Teilweise arbeiten auch heute noch einige Unternehmen, bzw. altgediente Mitarbeiter, mit diesem Begriff. Sind in Ihrem Betrieb Hauspreise nicht bekannt, sind sie somit auch kein Grund für einen Preisnachlass.

Ihre möglichen Antworten	Hintergründe und mögliche Handlungsalternativen für Sie
„Das müssen Sie mir bitte erklären."	Die Behauptung ist falsch und das darf der Kunde auch wissen. Aber wir haben immer faire Preise und das sollte der Kunde natürlich auch von Ihnen erfahren
„Darf ich fragen, was Sie genau damit meinen?"	Der Hauspreis ist Ihnen im Unternehmen nicht bekannt. Aber woher hat der Kunden die Information und welche Strategie verfolgt er mit dieser Aussage?
„Meinen Sie die Preise in unserem Hauskatalog?"	Wenn Sie denn einen Katalog haben, sind dieses sicherlich die Hauspreise. Wahrscheinlich meint der Kunde aber etwas anderes
„Was meinen Sie, unser Hauspreis steht doch auf dem Etikett?"	Na – diese perfekte Antwort hat doch was. In den seltensten Fällen gibt sich der Kunde aber damit zufrieden
„Sie haben Recht, wir sollten vielleicht einen Hauspreis einführen. Für Sie habe ich ein besseres Angebot."	Wer keinen Hauspreis hat, kann durchaus mit dieser Argumentation punkten. Etwas nicht Vorhandenes als Maßstab für etwas scheinbar Besseres zu verkaufen, ist eine gute Strategie. Der Wechsel in die Angebotsstrategie ist somit schon erfolgt

Fazit zu dieser Strategie

Bauen Sie dem Kunden eine Brücke, um ihm die Möglichkeit zu geben, seinen wahren Wunsch nach einem Preisnachlass zu formulieren. Dank der von Ihnen beherrschten Strategien und Konversation in Bezug auf die Rabatthöhe, kann das konkrete Anspruchsdenken des Kunden ermittelt und zeitgleich entschärft werden. Sie sind gut vorbereitet und haben schon die wichtigste Botschaft vermittelt – der Preis ist in einem seriösen Unternehmen wie Ihrem immer dem Wert der Ware angemessen.

„Ich bin ebenfalls Geschäftsmann und muss auch Prozente geben." – Wissenswertes zu dieser Strategie

Man möchte meinen, endlich jemanden vor sich zu haben, der ebenfalls Geschäftsmann ist und sich auskennt in den Bereichen Rabatte, Margen und Preisverhandlungen. Jedoch hat dieser „Jemand" offensichtlich von seinen Kunden nicht gelernt, wie eine geschickte Rabattfragestrategie aufgebaut wird, geschweige denn, wie sie von Ihnen direkt abgewehrt oder entkräftet werden kann. Vielfach bietet er Ihnen Vorlagen, die für Sie als Verkäufer verbal einfach zu managen sind. Höchstwahrscheinlich geraten Sie nur in den seltensten Fällen an einen orientalischen Teppichhändler. Das wäre nun auch zu einfach für Sie. Aber auch ein geschulter und gewiefter Autoverkäufer dürfte an dieser Stelle des Buches kein unüberwindbares Problem mehr für Sie darstellen. Warum auch? An den folgenden Antworten werden Sie erkennen, wie einfach und praktisch die Nachfragestrategie ist, um auf die Preisnachlassfrage des Kunden zu reagieren.

Ihre mögliche Antworten	Hintergründe und mögliche Handlungsalternativen für Sie
„In welcher Branche sind Sie denn tätig?"	Nur sehr wenige Produkte sind wahrscheinlich mit den Waren Ihres Unternehmens vergleichbar. Dies kann ein Ansatzpunkt für Ihre Argumentation sein. Entfalten Sie Ihre Kreativität!
„Dann wissen Sie ja Bescheid, wie bescheiden Prozente sein können."	Die Bestätigung, dass der Kunden sich auskennt und die Ablehnung großer Rabattforderungen ist sehr hilfreich
„Sie haben eine Vorstellung von Rabattstaffeln. Wir reden hier aber maximal über ein oder zwei Stücke."	Natürlich unterscheiden sich Rabattstaffeln je nach Branche und Produkt. Bei einem Weinhändler hat beispielsweise die Menge der gekauften Kartons in der Regel einen Einfluss auf den Preis
„Was bieten Sie denn so Ihren Kunden an?"	Bei dieser Antwort geben Sie sich als scheinbar naiver Verkäufer, der Sie jedoch keineswegs sind. Der Kunde ist im Zugzwang, nennt Ihnen wahrscheinlich utopische Konditionen, aber Sie haben somit etwas Greifbares für Ihre Nachfragestrategie. Weiß man um Branchenunterschiede, lässt es sich leichter argumentieren, als ohne dieses Wissen
„Erklären Sie mir bitte wie sie die Prozente in den Preis einkalkulieren. Wir haben da immer große Schwierigkeiten und keinen Spielraum für Prozente."	Wenn Sie den Richtigen erwischt haben, wird er Ihnen viele Erklärungen geben. Mit dem Einstieg in die Diskussion mit Ihnen kann er eigentlich nur verlieren

Fazit zu dieser Strategie

Gewiss, bei einem üppig besetzten Brillantring mit vielen Steinen könnte der Verkäufer noch über Mengenrabatt nachdenken. Ein entsprechendes Stück lässt sich bei einem Kunden mit entsprechendem Sinn für Humor auch in Einzelteile aufgegliedert verkaufen. Aber Vorsicht, für solche Rechenbeispiele hat nicht jeder Kunde genug Humor. Das Wichtigste ist aber, dass Sie nicht den Fehler begehen, Ihrem Verhandlungspartner Ihre Argumente für einen Preisnachlass zuzuspielen. Mit der Feststellung des Kunden, dass auch er Prozente geben muss, haben Sie lediglich die Möglichkeit der Argumentation zu geringen Preisnachlässen.

„Ich bin in Ihrer Kundenkartei, da bekomme ich doch dicke Prozente!?" – Wissenswertes zu dieser Strategie

Auch Sie als Verkäufer stehen in einer Kartei – nämlich in der des Finanzamtes, aber bekommen dort leider keinen Rabatt auf Ihre Lohnsteuer. Die Aufnahme in Ihre Kundenkartei garantiert nicht automatisch „dicke" Prozente.

Ihre möglichen Antworten	Hintergründe und mögliche Handlungsalternativen für Sie
„Wir benötigen die Kundenkartei zum Verschicken der Kataloge und Einladungen."	Durch diese Information muss der Kunde neu formulieren. Auch der Hinweis auf „keine dicken Prozente" sollte im Anschluss erfolgen
„Ah, Sie meinen unsere Kundenkartei für den Service?"	Pech gehabt, lieber Kunde. Kundenkartei und ‚dicke' Prozente passen nicht zusammen. Auch hier muss der Kunde neu formulieren. Ein Hinweis auf die Unmöglichkeit „dicker Prozente" ermöglicht dem Kunden, eine neue Fragestrategie zu entwickeln, bei der er aber bereits berücksichtigt, dass hohe Rabattforderungen nicht möglich sind
„Dicke Prozente? Was meinen Sie damit?"	Der Kunde muss Farbe bekennen. Nun hat er ein Problem. Die ihm bekannte Erfassung in der Kundenkartei sowie der gewährten Nachlässe, hält ihn davon ab, Pokerrabatte zu nennen. Dem Begriff „dicke Prozente" sollte immer der „faire Preis" als Bemessungsgrundlage zu Grunde gelegt werden

Fazit zu dieser Strategie
Dicke Prozente und Kundenkartei – diese beiden Begriffe passen nun auch wirklich nicht zusammen. Der Kunde sollte in jedem Fall verstehen, dass es keine generellen Rabattregelungen gibt, auch nicht, oder schon einmal gar nicht, im Zusammenhang mit der Aufnahme in eine Kundenkartei. Auf diese Art und Weise wird der Kunde auch bei einem nächsten Kauf nicht auf einem XXL-Prozent-Rabatt bestehen.

„Überall bekomme ich 20 Prozent, warum nicht bei Ihnen?" – Wissenswertes zu dieser Strategie

„Eben weil Sie nicht überall sind." Denn Sie und Ihr Unternehmen sind etwas ganz Besonderes. Die Frage des Kunden nach 20 % Rabatt stellt Sie vor kein Problem mehr. Der Kunde weiß selbst am besten, dass er nicht überall 20 % Rabatt bekommt. Und Sie wissen das auch, teilen dies dem Kunden sodann höflich mit oder überhören schlichtweg seine Behauptung und widmen sich dem Angebot der Waren.

8.2 Die Behauptungsfrager

Ihre möglichen Antworten	Hintergründe und mögliche Handlungsalternativen für Sie
„Auf was? Welchen Preis auf welche Waren?"	Lassen Sie sich nicht aufs Glatteis führen. Fragen Sie äußerst ruhig und besonnen mit einem Hauch von sehr leichter Überheblichkeit nach. Was meint der Kunde mit überall?
„Wir bieten mehr als nur Rabatt, nämlich perfekten Service."	Vorsicht, wir bieten noch mehr als Rabatt – wir bieten Skonto und perfekten Service, wenn Sie bar zahlen
„Woanders kaufen Sie billig, aber auch günstig?"	Mut zur Konversation. Lassen Sie den Kunden seine Vorstellungen von „woanders 20 Prozent" ausbreiten. Hören Sie sorgfältig zu, so lange, bis dem Kunden nichts mehr einfällt. Was Ihnen ab dann einfällt, wissen Sie nunmehr perfekt
„Wir können Ihnen eine Zusatzleistung anbieten, wie etwa…"	Die Angebotsstrategie als Alternative. Prüfen Sie dabei aber auch immer das Anspruchsdenken des Kunden an eine Zusatzleistung und die Art der Zusatzleistung
„Der billigste Preis ist nicht immer der günstigste."	Stellen Sie gegenüber dem Kunden die „woanders überall 20 Prozent" als „billig" heraus. Nennen Sie Ihre Preise oder Angebote in Verbindung mit dem Begriff „günstig" oder „preiswert"

Fazit zu dieser Strategie
Zweifelsohne sind Sie nicht „überall", jedoch müssen auch Sie sich überall dem Wettbewerb stellen. In Zeiten, in denen fast alle Branchen mit Rabatten, Schnäppchen, Sonderangeboten und „Geiz ist geil"-Mentalität werben, wird es immer schwerer, die wahren Werte hochwertiger Güter zu vermitteln. Aber gerade dies ist Ihre Aufgabe.

„Jeder weiß, dass Sie 300 Prozent aufschlagen, daher können Sie mir doch Prozent einräumen." – Wissenswertes zu dieser Strategie
So abstrus diese Behauptung auch auf den ersten Blick erscheinen mag, ist sie nicht einmal eine seltene Behauptung, seitdem in TV-Sendungen und Publikationen offen über Kalkulationen und viel zu große Gewinnspannen berichtet wird. Solche Beispiele kommen aber oftmals auch aus den unterschiedlichsten Branchen, können somit nicht verallgemeinert werden und werden oftmals im TV oder Internet auch noch verzerrt dargestellt.

Nichtsdestotrotz, der Kunde hat diese Information fest in seinem Kopf verankert und nimmt sie natürlich bedenkenlos in sein Register der Preisaushandlungsstrategien auf. Da Sie als Verkäufer allerdings gut auf derartige Fragen vorbereitet sind, reagieren Sie gelassen und souverän, um dem Kunden die Fehleinschätzung mit angemessener Transparenz zu erklären. Eine Entrüstung über falsche Behauptungen des Kunden wäre jedoch das falsche Signal und würde vermutlich ein ungünstiges Gesprächsklima erzeugen.

Ihre möglichen Antworten	Hintergründe und mögliche Handlungsalternativen für Sie
„Schön wärs."	Mit einem charmanten Lächeln und sicherer Stimme versteht es der Kunde wirklich. Diese Aussage bringt aber auch noch eine indirekte Botschaft mit sich. Rechnen wir nach und Sie unter Umständen dem Kunden vor:
	Verkaufspreis 300,00 €
	Einkaufspreis 100,00 € = 200 % Aufschlag
	Rohgewinn 200,00 € = Schön wär's
	Bei 50 % haben Sie doch immer noch viel Geld verdient!?
	Daher rechnen wir doch wirklich mal genau nach:
	Verkaufspreis 300,00 €
	Rabattforderung 50 % = −150,00 €
	Preis für den Kunden 150,00 €
	Abzüglich Mwst. von 23,95 €
	Abzüglich Einkaufspreis 100,00 €
	Tatsächlicher Rohgewinn 26,05 €
–	Das, lieber Kunde, wollen Sie mir doch nicht vorrechnen
„Das sind Annahmen, denen man immer wieder begegnet, dem ist leider nicht so."	Der sofortige Widerspruch mit der eventuellen Aufforderung, wie denn der Kunde zu diesen Informationen gelangt ist, bringt ihn in Erklärungsnotstand, so dass er seine Strategie ändern wird
„Jedes Teil/Stück ist unterschiedlich kalkuliert."	Entkräften Sie in einem ersten Schritt die Vorstellungen von einheitlichen Kalkulationen und die Vorstellung von 300 %
„Woher haben Sie diese Information?"	Nachfragen und dem Kunden die Antwort abverlangen wird das Argument der „hohen Kalkulation" schnell entkräften. Doch vergessen Sie nicht, dass immer der Verkäufer die Verhandlung führt. Hadert der Kunde, helfen Sie ihm mit höflichen, aber hilfreichen Worten über seine völlig falsche Einschätzung der Kalkulationen hinweg
„Angenommen, das wäre so, dann würde…"	Genau, dann würde vermutlich jeder Unternehmer in Ihrer Branche werden wollen. Nehmen Sie Ihren Kunden mit in Ihre Vorstellungswelt, auch Verkäufer, Unternehmer und Chef zu sein. Eine solche rhetorisch-philosophische Betrachtungsweise aber bitte nicht zu lange entwickeln! Ein Strategiewechsel sollte folgen und dabei nicht vergessen werden, sich für das Traumthema „300 Prozent-Kalkulation" zu bedanken
Sie meinen die Kalkulation von Glühwein auf dem Weihnachtsmarkt?	Eigentlich ist diese ja noch viel höher. Verdeutlichen Sie, dass Ihre Artikel keine Ramschware sind, sondern sich an den niedrigsten Preisen des Wettbewerbs orientieren

Fazit zu dieser Strategie

Den 300 Prozent-Traum von Kalkulationen können Sie getrost jeden Kunden träumen lassen, da er schlichtweg so gut wie nie vorkommt. Aber auch hier kommt es auf Ihr Feingefühl an. Ist eine rationale Informationsstrategie angebracht oder ein klassischer Widerspruch? Eine Mischung aus Konversation mit Humor und rationaler Information hilft

Ihnen, derartige, aus der Luft gegriffene Vorstellungen, in einem guten Gesprächsklima zu entkräften.

„Ich beliefere Ihre Firma auch zu besonderen Preisen." – Wissenswertes zu dieser Strategie
Im Regelfall stimmt eine solche Behauptung, da der Kunde ja damit rechnen muss, dass Sie es nachprüfen werden. Gerade bei Lieferanten Ihres Unternehmens ist die Überprüfung leicht zu bewerkstelligen. Eine dreiste Behauptung seitens des Kunden würde hier schnell entlarvt. Prüfen Sie deshalb erst gar nicht die Wahrheit der Aussage, sondern das Produkt, das er liefert. Anhand des Wissens um das Produkt können Sie die Unterschiede zu den von Ihnen angebotenen Waren herausarbeiten und mögliche Preisnachlässe im Verhältnis anpassen.

Ihre möglichen Antworten	Hintergründe und mögliche Handlungsalternativen für Sie
„Was liefern Sie denn?"	Über diese Frage lassen sich Unterschiede von Staffel-, Margen- oder Umsatzbonus herausarbeiten. Doch je nach Lieferant ist es ggf. besser, den in Ihrem Unternehmen verantwortlichen Geschäftsführer zu Rate zu ziehen
„Ich werde das innerhalb unseres Hauses abklären."	Dieses ist immer der richtige Weg, wenn Sie sich nicht sicher sind. Trotzdem sollten Sie zuvor auch immer abgeklärt haben, wann und in welchen Mengen das letzte Mal an Ihre Firma geliefert worden ist
„Nur der Geschäftsführer kann über den Preis verhandeln, aber ich darf Ihnen schon ein Angebot nennen. Mal sehen, welchen Preis der Geschäftsführer dann mit Ihnen festlegt."	Auch hier gilt wie schon zuvor: Der Geschäftsführer und Sie sind ein eingespieltes Team und der Preisnachlass kann moderat ausgehandelt werden. Hilfreich ist es immer, wenn zuvor schon Preisvorstellungen des Kunden ermittelt werden konnten

Fazit zu dieser Strategie
Eine solche Frage nach Rabatt ist selten, und wenn sie kommt, dann nur, wenn der Lieferant nur ein einziges Mal oder bereits vor langer Zeit etwas geliefert hat. Die Strategie der Klärung und das Aufdecken der tatsächlichen Lieferbeziehungen zu diesem Kunden ist hier der einzig richtige Weg. Hier können Sie schon durch das Herausstellen von Unterschieden hohen Rabatten vorbeugen. Konkrete Angebote sollten immer erst nach Rücksprache mit dem Geschäftsführer erfolgen, da dieser im Zweifelsfall am besten über Unternehmensverhältnisse und Lieferbeziehungen zu der Firma des Kunden informiert ist.

„Ich bin von einer großen Firma – was bekomme ich bei Ihnen?" – Wissenswertes zu dieser Strategie
So sieht der große Auftritt eines Kunden aus, der sehr von sich überzeugt ist. Er benimmt sich wie ein Filmstar, ist aber meistens eher als Kameramann oder ähnliches zu betrachten. In dem Drehbuch „Kauf" gibt es allerdings zwei Hauptdarsteller: Den Kunden und den

Verkäufer. Aber auch mit dem Vorstandsvorsitzenden eines großen Unternehmens sollten Sie problemlos verhandeln können. In einem seriösen Unternehmen werden alle Kunden gleich behandelt, unabhängig davon, welchen Namen sie tragen oder welche berufliche Position sie innehaben.

Ihre möglichen Antworten	Hintergründe und mögliche Handlungsalternativen für Sie
„In welchem Bereich/welcher Branche sind Sie denn tätig und was würden wir bei Ihnen bekommen?"	Diese Frage sollte selbstverständlich humorvoll gestellt werden und wenn Sie nicht wirklich sicher sind, wen Sie vor sich haben, holen Sie lieber Hilfe
„Darf ich um Ihre Visitenkarte bitten? Ich würde es gerne für Sie abklären."	So können Sie gefahrlos in Erfahrung bringen, wie wichtig die Person wirklich ist
„Wir haben keine Vereinbarungen mit Großfirmen/Ihrer Firma."	Das Widersprechen verdeutlicht die Position Ihres Unternehmens – der Käufer wird nun wahrscheinlich andere Argumente suchen
„VIPs sind in unserem Hause gerne willkommen. Darf ich Ihnen, nur für Sie, heute und einmalig, dieses Angebot unterbreiten?"	Bitte nicht zu dick auftragen. Nur gerade in einem solchen Maße, wie es der Kunde verdient. Von der Wertschätzung der Wichtigkeit seiner Person also direkt in die Angebotsstrategie

Fazit zu dieser Strategie
Mit Promis und Co. und den Menschen, die sich für eben solche halten, ist es nicht immer einfach. Aber sie alle legen Wert darauf, ihrem Selbstwertgefühl entsprechend als besondere Persönlichkeit behandelt zu werden. Berücksichtigen Sie dieses Bedürfnis, das ist auch der beste Weg zu einer guten Verkaufsatmosphäre.

Vergessen Sie auch nicht den Produzenten des Films „Kauf" – nämlich Ihren Chef. Er will Höchstgage sprich Höchstmarge für sein Unternehmen. Sie sollten trotz allem nie vergessen, dass der Verkauf das Kerngeschäft ist, und Ihr Unternehmen nichts zu verschenken hat.

8.3 Die Erfahrungsstrategien der Kunden

„Vor fünf Jahren bekam ich 20 Prozent, bekomme ich die heute auch noch?" – Wissenswertes zu dieser Strategie
In einem solchen Fall bestehen günstige Voraussetzungen für die neue Preisverhandlung, weil der Kunde selbst nicht selbstverständlich erwartet, dass er wie damals 20 % Rabatt bekommt. Daher müssen Sie ihm jetzt lediglich behutsam und prägnant erklären, dass ein so hoher Nachlass nicht möglich ist. Ist das für den Kunden nicht ausreichend, ist bei einer solchen Behauptung zu prüfen, ob sie überhaupt der Wahrheit entspricht. Möglicherweise gab es zu der betreffenden Zeit einen Rabatt wegen eines Ausverkaufs von Altwaren oder ähnlichen Sonderangeboten. Oder verwechselt er unter Umständen das Geschäft bzw. ent-

8.3 Die Erfahrungsstrategien der Kunden

spricht es eher seinen Erfahrungen, dass man über diese Fragestellung einen Wunschrabatt erhalten kann? Diese Klärung ist im Prinzip relativ einfach: Wer hat diesem Kunden wann, was, für welchen Preis und aus welchen Gründen verkauft?

Ihre möglichen Antworten	Hintergründe und mögliche Handlungsalternativen für Sie
„Sind Sie sicher, dass Sie sich nicht täuschen?"	Das Anzweifeln und Nachfragen ist der erste Schritt in die richtige Richtung. Bitte beobachten Sie sofort die Reaktion des Kunden. Überlegt er lange, zeigt er eine gewisse Gleichgültigkeit, dann vergessen Sie die 20 % rasch und lassen Sie sich nicht weiter beeinflussen
„Das kann ich mir nicht vorstellen, was wurde denn damals erworben?"	Denken Sie auch hier an den großen Zeitabstand. Vielleicht handelte es sich damals um einen Jubiläumsmonat oder eine Sonderpreisaktion. Außerdem ist das Gedächtnis des Kunden vielleicht hin und wieder nicht ganz so zuverlässig
„Leider ist das heute nicht mehr realisierbar."	Der klassische Widerspruch mit der kleinen Einschränkung, dass es scheinbar früher möglich war. Damit zeigen Sie, dass Sie den Kunden als glaubwürdig einschätzen. Das „Leider nein" muss angemessen und höflich formuliert werden – was damals nur unter besonderen Umständen möglich war, ist heute leider gar nicht mehr möglich
„Das ist abhängig davon, welches Produkt Sie erworben haben. Bei diesem Produkt ist es ausgeschlossen. Wie zahlen Sie?"	Die Differenzierung schafft den Spielraum für die Zähigkeitsstrategie. Mit jeder Verhandlung kalkulieren Sie ein wenig weniger

„Wenn Sie einen guten Preis machen, kaufe ich nur noch hier." – Wissenswertes zu dieser Strategie

In einem solchen Fall können Sie natürlich nicht wissen, ob der Kunde diese Aussage ernst meint, oder ob es sich dabei schlichtweg um eine Behauptung handelt, da es seiner Erfahrung entspricht, auf solche Versprechungen hin einen großen Rabatt zu bekommen. Für Sie ist dies allerdings in diesem Moment auch irrelevant. Gehen Sie zunächst davon aus, dass es sich hier um eine plakative, rhetorische und nicht ganz ernst zu nehmende Äußerung des Kunden handelt. Vermitteln Sie ihm, dass Sie ihm glauben, aber die Kunden gerade wegen der hohen Qualität Ihrer Waren und Ihres Services bei Ihnen kaufen – weil bei Ihnen eben in allen Bereichen die Standards sehr hoch sind. Sie können dem Kunden auch andeuten, dass man in Zukunft tatsächlich über Rabatt reden kann, wenn er tatsächlich zum wiederholten Male bei Ihnen eingekauft hat bzw. zum Stammkunden geworden ist.

Ihre möglichen Antworten	Hintergründe und mögliche Handlungsalternativen für Sie
„Selbstverständlich mache ich Ihnen einen guten Preis."	Lassen Sie sich nicht täuschen! Erläutern Sie Ihre guten Leistungen sowie die Ihres Unternehmens. Prüfen Sie bei dem Kunden, was es ihm bedeutet, bei Ihrem Unternehmen zu kaufen
„Gerne möchte ich Sie als Stammkunden gewinnen."	Die Bestätigung kann als Vorlauf zum Strategiewechsel dienen. Verbindliche Angebote sind hier noch nicht nötig

Ihre möglichen Antworten	Hintergründe und mögliche Handlungsalternativen für Sie
„Bitte verstehen Sie, dass wir generell auf diese Waren keine Preisnachlässe gewähren."	Der klassische Einwand. Auch hier wurde das Wort „Nachlass" verwendet, der Kunde hat lediglich nach einem guten Preis gefragt. Natürlich meint beides dasselbe
„Eigentlich wollte ich Ihnen den "besten" Preis geben. Was meinen Sie mit einem „guten" Preis?"	Mit dieser humorvollen Antwort wird schon ein erstes Zugeständnis in Richtung Rabatt geäußert. Nennt der Kunde seinen „guten" Preis, wissen Sie, dass Ihr „bester" Preis natürlich darüber liegt

„Wie viele Prozente bekomme ich, wenn ich zwei Stücke kaufe?" – Wissenswertes zu dieser Strategie

Eine ähnliche Frage wurde zuvor bereits bei dem Kundentyp Direktfrager behandelt. Der Erfahrungsfrager stellt diese Frage allerdings vor einem anderen Hintergrund, er hat eben bislang bei anderen Unternehmen bereits Erfolge mit dieser Strategie erzielen können. Der Unterschied ist nicht immer sofort für den Verkäufer zu erkennen, was aber auch nicht wirklich von Bedeutung ist. Wichtig ist jedoch, sich bewusst zu machen, dass jemand, der bislang Erfolge mit einer solchen Frage hatte, auch eine positive Resonanz von Ihnen erwartet. Deshalb finden Sie hier einige andere mögliche Antworten auf diese strategische Frage.

Ihre möglichen Antworten	Hintergründe und mögliche Handlungsalternativen für Sie
„Wollen Sie beide Artikel heute kaufen?"	Durch das Nachfragen können Sie einen sympathischen Dialog aufbauen. Natürlich wollen Sie beide Artikel verkaufen und schnell zur Angebotsstrategie wechseln. Aber hierbei sollten Sie mit kleinen Schritten beginnen
„Ich kann Ihnen gerne ein Zusatzteil geben." (Änderung ist kostenlos.)	Wenn Sie den Rabattrahmen erreicht haben und merken, dass der Kunde noch nicht ganz zufrieden ist, ist es sinnvoll, in kleinen Schritten Naturalrabatte oder wenn möglich, Garantieverlängerung, anzubieten
„Ich kann Ihnen diese Prozent Skonto bei Barzahlung anbieten."	Skonto ist kein Rabatt und Bargeld keine Kreditkarte. Bei überschaubaren Rabattforderungen können Sie den Kunden so schnell und sicher zum richtigen Preis führen
„Nicht die Menge ist entscheidend, sondern das Produkt!"	Das Mengenrabattsyndrom ist schnell zu entkräften, wenn andere Angebote im Einzelpreis deutlich höher sind als zwei oder drei Artikel des Verhandlungsgegenstandes

„Ich kaufe nie nach Listenpreis." – Wissenswertes zu dieser Strategie

Eine solche Äußerung entspricht sicherlich einem berechtigten Wunsch und ist daher nichts Außergewöhnliches. Nur stellt sich hier für den Verkäufer die Frage, auf welche Listenpreise sich der Kunde bezieht. Im Möbelhandel gibt es beispielsweise sogenannte Multi-Kalkulator-Preislisten, die es jedem Händler ermöglichen, eine Kalkulation und damit einen Listenpreis aus verschiedenen Möglichkeiten zu wählen. Aber welcher Listenpreis gilt z. B. beim orientalischen Teppichhändler? Und welchen Wert haben Ihre Vorzüge im Vergleich zu jedem Listenpreis?

8.3 Die Erfahrungsstrategien der Kunden

Ihre möglichen Antworten	Hintergründe und mögliche Handlungsalternativen für Sie
„Bei uns steht die optimale Kundenbetreuung im Vordergrund. Wie bieten Ihnen Garantie, Kulanz und kostenlosen Unterhalt während der Garantiezeit."	Sie bieten also noch eine Menge zusätzlich zum unverbindlichen Listenpreis. Doch wird der Kunde diesen Hinweis vielleicht nicht ganz gelten lassen und ein Strategiewechsel mit eventuell kleineren Angeboten muss folgen
„Bitte beachten Sie unsere umfangreichen Serviceangebote, z. B. kostenlose Wartung alle sechs Monate oder eine Änderung."	Auch hier gilt es, den Mehrwert der Leistungen im Vergleich zum Listenpreis herauszustellen
„Dieses ist ein Einzelstück, Sonderedition etc. und hat daher keinen Listenpreis."	Wenn Sie als Verkäufer doch immer nur solche Waren hätten, wäre das nicht prima? Aber ist nicht auch der schon ausgelistete Ladenhüter ein Einzelstück?
„Diese Schmuckstücke haben keine Listenpreise."	Pech gehabt, lieber Kunde! Hauptsache, er weiß nicht, dass die Kalkulation unter Umständen besser ist, Sie aber nicht veranlasst, großzügigeren Nachlass zu gewähren
„Wie bezahlen Sie?"	Diese Frage hilft immer, besonders wenn Sie merken, dass keine hohen Rabattforderungen im Raume stehen
„Was stellen Sie sich denn so vor?"	Das ist die gefährlichste Antwort, die Sie geben können. Sie haben damit bereits Rabatt eingeräumt und der Kunde verhandelt mit Ihnen lediglich um die Höhe. Nach so viel Erfahrung im Verhandeln darf diese Antwort nicht mehr kommen. Es gilt daher, dem Kunden keinen Freiraum bei der Bestimmung der Höhe der Rabatte einzuräumen. Daher mein Rat an Sie: Geben Sie das Ruder nicht aus der Hand!

„Bei Ihrer Filiale bekomme ich aber 5 Prozent mehr." – Wissenswertes zu dieser Strategie

Hier ist für den Verkäufer weniger relevant, ob es sich um eine unwahre Behauptung handelt, oder der Kunde tatsächlich positive Erfahrungen mit dieser Strategie gemacht hat. Der Kunde weiß, dass Sie seine Äußerung beispielsweise durch ein Telefonat leicht nachprüfen können. Sie sollten ihm zwar vertrauen, aber dennoch die Aussage durch einfaches Nachfragen prüfen, um sich so eine geeignete Entkräftungsstrategie zurechtlegen zu können.

Ihre möglichen Antworten	Hintergründe und mögliche Handlungsalternativen für Sie
„Mit wem haben Sie gesprochen? Ich werde es sofort klären."	Sie sollten unbedingt von „klären", nicht von „prüfen" sprechen, um den Eindruck von Misstrauen zu vermeiden
„Sind Sie sicher, dass sich das auch auf die gleiche Ware bezieht?"	Auch hier lassen sich die kleinen Missverständnisse in den Vorstellungen des Kunden leicht klären. Informations- und Klärungsstrategie sind die Vorläufer der kleinen Angebotsstrategien
„Bei diesem Preis habe ich meine Grenze erreicht. Bitte gestatten Sie mir, dass ich mich rückversichern muss."	Eine eindeutige Klärungsstrategie. Der Kunde bremst ab, wenn er gepokert hat. Vielleicht hat er es einfach nur darauf ankommen lassen

Ihre möglichen Antworten	Hintergründe und mögliche Handlungsalternativen für Sie
„Eigentlich ausgeschlossen, ich werde mit Ihnen den Irrtum klären."	Auch hier ist die Klärungsstrategie das praktische Instrument, um in weitere Preisverhandlungen einzusteigen. Jeder Schritt weiter führt zu einem verminderten Preisnachlass und nähert sich so dem Ziel des Verkäufers, möglichst keinen Rabatt auszuhandeln

„Ich bin sonst immer bei Frau Meyer und bekomme dort diese Prozente." – Wissenswertes zu dieser Strategie

Kunden, die etwas behaupten, ohne einen überzeugenden Nachweis der Richtigkeit zu bringen, gliedern sich generell in zwei Gruppen. Einerseits sind dies diejenigen, die etwas Wahres behaupten und andererseits diejenigen, die eher eine Pokerstrategie anwenden, weil sie wissen, dass ihre Behauptung unwahr ist. Getreu dem Motto „Mal ausprobieren, vielleicht klappt es ja." Die Vielzahl dieser Fragen und Strategien, ist kaum mehr zu überschauen und täglich kommen neue hinzu, die es dem Verkäufer aber nicht schwerer machen sollten.

Ihre möglichen Antworten	Hintergründe und mögliche Handlungsalternativen für Sie
„Schön, dass Sie wieder gekommen sind und erneut unser Unternehmen für Ihren Kauf ausgewählt haben."	Die Bestätigung für die richtige Entscheidung, wieder zu Ihrem Unternehmen zu kommen, schafft erst einmal ein positives Gesprächsklima
„Was hat Frau Meyer denn mit Ihnen vereinbart?"	Diese Frage dient der Informationsgewinnung und dem vorsichtigen Herantasten. Aber glauben Sie nicht direkt alles, was der Kunde über die Konditionen von Frau Meyer sagt. Und selbst wenn eine akzeptable Vereinbarung genannt worden ist, stellen Sie diese als eine außerordentlich großzügige Kondition dar. Sie vermeiden damit, zukünftig um noch höhere Rabatte verhandeln zu müssen
„Frau Meyer ist nicht da. Gerne kläre ich das für Sie."	Wenn Sie die Verhandlung übernehmen, merken Sie vielleicht, dass das Angebot doch noch nicht so fest vereinbart war. Gehen Sie vor wie bei einer Neuverhandlung. Sollte dem Kunden seine Preisvorstellung zu entlocken sein, versuchen Sie diese zu relativieren

Fazit zu dieser Strategie

Besondere Konditionen eines Kollegen oder gar Vorgesetzten sollten schon zuvor im Unternehmen besprochen und jedem einzelnen Verkäufer bekannt sein. Keinesfalls dürfen eklatante Unterschiede in der Preisgestaltung der einzelnen Mitarbeiter auftreten, weil dies eine Unstimmigkeit innerhalb des Unternehmens nach Außen reflektiert. Unterschiedliches Verhalten der Mitarbeiter hinterlässt bei Kunden nie einen guten Eindruck und wird schnell zum Gesprächsthema. Dass ein Kunde wiederkommt, bedeutet in erster Linie, dass er sowohl mit Ihrem Warenangebot als auch Ihrem Service zufrieden ist. Ver-

8.3 Die Erfahrungsstrategien der Kunden

binden Sie die Preisverhandlungen daher immer mit der Betonung des Wertes der Ware und den Leistungen oder auch Zusatzleistungen, die Ihr Unternehmen bietet. Ein gutes Verhandlungsklima, Sympathie und Kompetenz sind die wahren Werte eines Beziehungsmanagers. Der tatsächliche Preis verliert dabei in der Regel für den Kunden an Bedeutung.

„In Ihrer Filiale im Süden bekomme ich 15 Prozent." – Wissenswertes zu dieser Strategie
Ob Filiale, Tochterfirma oder Mitbewerber – derartige Behauptungen des Kunden müssen überprüft werden, und wenn es um die Filiale eines Unternehmens geht, ist das nun wirklich einfach und kein großer Zeitaufwand. Auf diese Weise können Irrtümer oder Missverständnisse, wie auch frei erfundene Behauptungen aus der Welt geschafft werden. Dass dieser Rabattsatz unüblich ist, sollte dem Kunden sofort mitgeteilt werden.

Ihre möglichen Antworten	Hintergründe und mögliche Handlungsalternativen für Sie
„Bei wem meiner Kollegen haben Sie diesen Nachlass erhalten?"	Der Kunde bemerkt, dass Sie gewissenhaft sind und Aussagen überprüfen. Das führt dazu, dass er zukünftige falsche Behauptungen Ihnen gegenüber wohl eher unterlässt
„Ist mir nicht bekannt."	Der Widerspruch dient als Einleitung zum Strategiewechsel. „Das ist mir nicht bekannt" darf aber kein Ausdruck der Entrüstung sein nach dem Motto: „Wer in unserem Hause macht Ihnen denn so blöde Angebote?"
„15 Prozent sind nicht üblich."	Aber was ist denn üblich? Das lässt sich, wie so oft, am besten über die Frage nach der Art der Bezahlung klären
„Um welches Produkt hat es sich dabei gehandelt?"	Hier soll der Kunde auf eine differenzierte Betrachtungsweise hingewiesen werden. Sie erfahren somit wie ein eventueller Preisnachlass der Filiale zu Stande gekommen ist. Gleiches Produkt inklusive gleicher Leistung heißt allerdings auch gleiche Preise!

Fazit zu dieser Strategie
Mit den Kollegen und Mitarbeitern der betreffenden Filiale oder des Unternehmens lässt sich alles einfach aufklären. Wenn der Kunde mit seiner Behauptung tatsächlich Recht hat, hat er diesmal leider bei Ihnen Pech – er erhält den Rabatt nur, wenn es sich um ein wirklich rabattwürdiges Produktstück handelt. Egal, ob verkauft oder nicht, spätestens jetzt haben Sie die Aufgabe, derartige Rabatthöhen im Unternehmen nicht mehr zuzulassen. Besprechen Sie derartige Vorfälle sowohl mit Ihren Vorgesetzten als auch mit Ihren Kollegen – nicht zuletzt, um die Außenwirkung Ihres Unternehmens einheitlich zu halten.

„Ich kaufe immer da, wo ich den besten Nachlass bekomme." – Wissenswertes zu dieser Strategie
Ob es sich hier um eine bloße Behauptung oder aber um den Erfahrungswert, dass aufgrund dieser Aussage tatsächlich ein höherer Rabatt angeboten wird, handelt, ist sicher von Kunde zu Kunde unterschiedlich und kann nicht pauschalisiert werden. Für Sie wäre

ein genaueres Wissen hierüber aber auch irrelevant. Das Anliegen des Kunden ist durchaus legitim. Sein Handeln ist streng ökonomisch und aus rationaler Sicht das einzig Richtige. Auf einem nahezu transparenten Markt sollte nach dem Minimalprinzip jeder sein Wunschprodukt (Ziel) zu einem möglichst geringen Preis (Mittel) erwerben. Wichtig für Sie ist hierbei die Klärung der Frage, was der optimale Rabatt bei welchen Leistungen ist. Sind sämtliche Leistungen, die Sie bieten, auch darin enthalten? Sie sollten überprüfen, ob dem Kunden schon entsprechende Preisangebote von Mitbewerbern vorliegen. Somit bietet sich in diesem Fall zunächst die Nachfragestrategie an.

Ihre möglichen Antworten	Hintergründe und mögliche Handlungsalternativen für Sie
„Was meinen Sie mit ‚bestem' Nachlass?"	Achten Sie genau auf die Antwort des Kunden. Geht es ihm um den höchsten Rabattsatz oder den niedrigsten Endpreis? An seinen Formulierungen erkennen Sie sofort, ob er ein wirklich erfahrener „Rabattjäger" ist oder bislang einfach nur Glück hatte und auf unerfahrene Verkäufer getroffen ist
„Was ist für Sie der beste Nachlass?"	Zu der zuvor genannten Frage besteht ein kleiner, aber entscheidender Unterschied: Hier muss Ihnen der Kunde seine Vorstellung eines angemessenen Angebots unterbreiten. Liegt es jenseits Ihrer Möglichkeiten, bleiben sie ruhig und souverän. Der Kunde sollte in diesem Fall merken, dass er mit einem solchen Angebot keine Chance hat. Er wird dann eine realistischere Anfrage formulieren. Dabei können Sie ihm helfen, indem Sie seinen nicht realisierbaren Vorstellungen die Möglichkeit von Skonto bei Barzahlung entgegensetzen
„Wer gibt Ihnen denn wie viel Nachlass?"	Die Frage nach eventuell vorliegenden Angeboten verschafft Ihnen Klarheit über die Vorstellungen des Kunden. Vielfach stellt sich hier heraus, dass bisher gar keines vorliegt und Sie können daran anknüpfend die Nachfragestrategie einsetzen
„Wir verkaufen nicht nur Rabatte, sondern auch Leistung!"	Erzeugen Sie Spannung. Geben Sie dem Kunden die Möglichkeit, die Leistungen zu erfragen. Fragt er nicht, interessieren sie ihn auch nicht. Der Kunde ist dann einzig und allein auf den Preis fixiert
„Was für einen besten Nachlass stellen Sie sich denn so vor?"	Sehr gefährlich! Sie haben den Rabatt zwar noch nicht direkt zugesichert und können noch widersprechen, aber Sie geben dem Kunden so einen zu großen Handlungsspielraum, der eventuell lange Diskussionen nach sich zieht. Daher stellen Sie diese Frage nur, wenn alle anderen Strategien gescheitert sind
„Wir haben noch gar nicht über die Leistungen des Produktes gesprochen, ganz zu schweigen von den Vorzügen, wenn Sie bei uns kaufen."	Jetzt besteht die Aufgabe in der perfekten Formulierung eines Preisangebotes, das sich von denen der Mitbewerber unterscheidet

„Es ist doch heute allgemein üblich, Nachlass zu fordern." – Wissenswertes zu dieser Strategie

Diese Aussage des Kunden ist durchaus richtig, aber ist Ihr Unternehmen dafür allgemein bekannt, Rabatt zu gewähren oder ist es bei Ihnen eher unüblich? Auch hier fühlt sich der Kunde durch seine positiven Erfahrungen mit Rabattforderungen bereits in seinen Handlungsweisen bestätigt. Und Sie als Verkäufer signalisieren, dass Sie eben nicht so allgemein und gewöhnlich sind wie andere Geschäfte. Sie erkennen an dieser Aussage sofort, dass der Kunde im Grunde keine echten Alternativangebote hat, was die Sache für Sie wiederum relativ einfach macht, denn Sie kommen mit der bewährten Nachfragestrategie üblicherweise zu einem für Sie guten Ergebnis.

Ihre möglichen Antworten	Hintergründe und mögliche Handlungsalternativen für Sie
„Was verstehen Sie unter ‚üblich'?"	Hier fordern Sie den Kunden direkt auf, seine Preisvorstellung bekanntzugeben. Zögert er, greifen Sie sofort zur Angebotsstrategie in vorsichtigen kleinen Schritten
„Wie meinen Sie das?"	Auch hier spielen Sie den Ball an den Kunden zurück. Sie führen das Gespräch und der Kunde muss neu formulieren
„Ich habe Ihre Aussage nicht verstanden."	Diese Entgegnung ist vielleicht ein bisschen plump, aber manchmal hilft die Überhörstrategie. Wiederholt der Kunde die gleiche Aussage genauso, können Sie sicher sein, dass keine großen Nachlassforderungen gemeint sind
„Ja richtig, genauso handle ich auch".	Spätestens jetzt weiß der Kunde, dass Sie sein Verständnis teilen, aber auch in der Strategie erfahren sind. Lassen Sie Ihn ruhig Ihre Erfahrung spüren. Je nach Produkt weiß auch der Kunde, dass unterschiedliche Ergebnisse möglich sind

Fazit zu den Erfahrungsstrategien der Kunden

Die Grenze zwischen Erfahrungs- und Behauptungsstrategien ist in vielen Fällen nicht ganz trennscharf. Der Verkäufer kann in der Kürze der Zeit diese Strategien nicht immer korrekt zuordnen. Was man auch berücksichtigen muss, ist dass die Kunden ihre Erfahrungen teilweise mit Verkäufern gemacht haben, die sich in Preisverhandlungen ungeschickt verhalten haben. Der Kunde kennt sich durchaus schon mit Preisverhandlungen aus und ein bisschen pokern hat ihm hierbei offenbar schon so manchen Erfolg verschafft. Für Sie resultiert daraus meist, dass vor Ihnen ein Kunde mit einem guten Gefühl für wahre Werte, Qualität und Anspruch an eine perfekte Beratungsleistung steht. Ihre Strategien müssen dementsprechend vielfältig und fundiert sein, aber in der Regel hilft zu Beginn die Nachfragestrategie. Widerspruch und Bestätigung als Wechselspiel der Kommunikation zwischen Ihnen und dem Kunden wird Rabattforderungen zwar nicht vermeiden können, aber zumindest in ihrer Höhe limitieren können.

8.4 Die Vielversprecherstrategien

„Ich habe viele Freunde und die wollen alle bei Ihnen kaufen!" – Wissenswertes zu dieser Strategie

Der Kundentypus des Vielversprechers verspricht zu viele Dinge, die er aber nicht halten kann. Hierbei zeigt er sich oft einfallslos. Vielversprecher sind rhetorisch meist leicht zu überführen. Ihre Versprechen sind unhaltbar und Ihre Argumente in den meisten Fällen fadenscheinig. Jedoch ist dieser Kunde bei Ihnen als Verkäufer, der diese Strategie durchschaut, aber toleriert, gut aufgehoben. In den seltensten Fällen lohnt es sich, diese Kundenargumente zu analysieren und genauer darauf einzugehen. Auch hier bietet sich meist die Überhörstrategie an.

Ihre möglichen Antworten	Hintergründe und mögliche Handlungsalternativen für Sie
„Das würde mich aber freuen."	Schluss und aus – nicht weiter reagieren. Gehen Sie nicht weiter auf den Vorschlag ein und knüpfen Sie, wenn beim Kunden keine weitere Reaktion kommt, die Frage nach der Zahlungsart an
„Vielen Dank für Ihr Vertrauen."	Auch hier sollten Sie Ihre Aussage nicht weiter vertiefen. Bestätigen Sie dem Kunden, dass sein Vertrauen zu Ihnen und dem Unternehmen gerechtfertigt ist

„Ich erzähle es auch nicht weiter – ein Sonderpreis nur für mich." – Wissenswertes zu dieser Strategie

Schweigen über Erfolge beim Erzielen von Rabatten gehört gewiss nicht zu den üblichen Tugenden der Endverbraucher, im Gegenteil, sie sind stets stolz auf hohe Rabatte, erfolgreiche Verhandlungen und günstige Einkäufe. Doch auch für diesen speziellen Kunden gibt es geschickte und taktisch kluge Strategien, die Sie anwenden können, um seinem Vorschlag angemessen zu begegnen.

Ihre möglichen Antworten	Hintergründe und mögliche Handlungsalternativen für Sie
„Dass Sie ein seriöser Mensch sind, war mir sofort klar."	Die Bestätigungsstrategie stärkt den Kunden in seinem Selbstbild und führt so zu einer guten Gesprächsatmosphäre. Verpflichten Sie den Kunden ruhig, nichts zu erzählen, auch wenn Sie denken, dass er es vielleicht trotzdem tut
„Von einem seriösen Kunden wie Ihnen hätte ich nichts anderes erwartet."	Auch hier gilt, Bestätigung und Anerkennung auszusprechen und von dieser Strategie zur Nachfragestrategie zu wechseln
„Unsere Preise sind transparent. Nicht umsonst ist unsere Ware mit Preisen ausgezeichnet. Wie zahlen sie?"	Hin und wieder hilft es auch, mit der Tür ins Haus zu fallen. Ihr Produkt ist von wahrem Wert und Ihre Preissprache spricht klare Worte. Halten Sie dem Kunden die Qualität und das Leistungsangebot vor Augen

8.4 Die Vielversprecherstrategien

„Ich bin Stammkunde bei Ihrem Mitbewerber, würde aber bei entsprechendem Preis gerne zu Ihnen wechseln." – Wissenswertes zu dieser Strategie

Auf derartige Fragestellungen fallen noch immer die meisten Verkäufer herein. Und zwar gar nicht mal aus Naivität oder Leichtgläubigkeit, sondern in vielen Fällen auch wegen des Wettbewerbsdrucks oder dem Sicherheitsgedanken für das eigene Unternehmen. Sie glauben, zwei Fliegen mit einer Klappe schlagen zu können, nämlich dem Mitbewerbern einen Kunden abzujagen und Umsatz zu generieren. In Wirklichkeit ist der Kunde wahrscheinlich weder Stammkunde bei einem anderen Unternehmen, noch hat er die Absicht in Zukunft vermehrt bei Ihnen zu kaufen oder Ihrem Unternehmen treu zu bleiben. Spätestens beim nächsten Kauf wird der Kunde mit demselben Argument bei einem anderen Mitbewerber verhandeln. Deshalb ist hier ein entschiedenes, aber dennoch dezentes Nachfragen erforderlich. Versuchen Sie an dieser Stelle auch Informationen über den Mitbewerber zu gewinnen – z. B. über dessen Stärken und Schwächen. Bei den Schwächen des Konkurrenten stellen Sie am besten kontrastiv dazu die Stärken Ihres eigenen Unternehmens heraus.

Ihre möglichen Antworten	Hintergründe und mögliche Handlungsalternativen für Sie
„Das würde uns natürlich sehr freuen. Warum haben Sie gerade unser Unternehmen als zukünftigen Einkaufsort ausgewählt?"	Die Nachfragestrategie ermöglicht es hier, die Stärken und Schwächen der Mitbewerber zu erkennen. Die Stärken Ihres Unternehmens lassen sich dann oftmals sehr geschickt und unaufdringlich gegenüberstellen. Im Übrigen sollte klar sein, dass Sie sich niemals negativ über Ihre Mitbewerber äußern sollten, denn dies zeugt nur von schlechtem Stil, sondern immer nur Ihre Handlungsweisen und Leistungen dem Kunden gegenüber herausstreichen sollten
„Ist die Ware bei Ihrem bisherigen Lieferanten/Juwelier nicht oder nur mit langen Lieferfristen erhältlich?"	Durch Nachfragen erhalten Sie die Information, die unter Umständen die Lieferfähigkeit vom Preis abkoppelt. Stellen Sie aber auch Ihre besonderen Leistungen in den Vordergrund. Prüfen Sie immer das Anspruchsdenken des Kunden an Ihr Unternehmen. Was ist für ihn besonders wichtig, was ist unwichtig?
„Für welche Ware interessieren Sie sich denn, die unser Mitbewerber nicht hat?"	Diese Frage empfiehlt sich natürlich nur, wenn bereits einige Informationen vorliegen. Steht für den Kunden nun eigentlich der Preis im Vordergrund oder die schnelle Lieferung? Zwischen diesen beiden Faktoren sollten Sie unbedingt differenzieren
„Das hören wir in letzter Zeit häufiger, seit dem wir unser Qualitätsmanagement eingeführt haben."	Klar. Ihr Unternehmen ist vom Kunden ja bereits ausgewählt worden. Verlangen Sie doch die Diskussion um die Qualität Ihres Unternehmens. Das lenkt vom Preis ab und gibt Aufschluss über den eventuellen Mitbewerber
„Nicht nur wegen des Preises wechseln viele Kunden zu uns. Marken und Produktauswahl sind bei uns überwältigend. Deshalb sind Sie ja ebenfalls bei uns."	Dies ist eine saubere Attacke nicht nur gegen das Preisargument. Der Kunde soll wissen, dass es nicht nur angemessene Preise, sondern auch andere Vorzüge in Ihrem Unternehmen gibt

„Ich kaufe demnächst wieder zwei Produkte bei Ihnen." – Wissenswertes zu dieser Strategie

Mit dieser Behauptung versucht der Kunde, sich als werdender Stammkunde in Ihrem Kopf zu verankern. Er meint dies vielleicht sogar wirklich ehrlich. Beim nächsten Mal könnte er allerdings bereits mit einer anderen Strategie aufwarten. Frei nach dem Motto: „Ich bin doch so ein guter Stammkunde und möchte deshalb jetzt noch mehr Rabatt". Und selbst das ist aus Sicht des Kunden legitim. Daher spielt es für Sie als Verkäufer keine Rolle, ob es sich um eine geschickte Verhandlungsstrategie oder um eine wahre Aussage handelt. Deswegen ist hier die Nachfragestrategie auch nicht mehr notwendig und Sie können direkt geschickte Antworten formulieren.

Ihre möglichen Antworten	Hintergründe und mögliche Handlungsalternativen für Sie
„Ich freue mich darauf, Sie erneut beraten zu dürfen und den richtigen Preis zu finden."	Die Botschaft für den Kunden ist klar: Preise nur für jetzt, Preise für später werden auch später ausgehandelt. Aber jetzt bitte noch der übliche Hinweis bezüglich des Skontos bei Barzahlung
„Darf ich dafür schon eine Bestellung entgegen nehmen, dann kann ich den Nachlass gleich mit vermerken?"	Dreist, direkt und gut. Der Kunde ist im Zugzwang. Wie ehrlich ist seine Frage gemeint? Und wie konkret ist der Wunsch, weitere Artikel zu kaufen? Und die Mutter aller Schnäppchenfragen an den Kunden lautet: „Wie möchten Sie zahlen?"
Überhören.	Auch das geht wirklich und zwar problemlos. Aber bevor der Kunde seine Behauptung beendet hat, fallen Sie ihm buchstäblich mit einer der wichtigsten Produktinformationen ins letzte Wort, unter Umständen sogar mit einem spontanen Angebot über ein attraktives Skonto
„Ich bin Ihnen dankbar und freue mich, Sie als Kunden gewonnen zu haben. Stammkunden erhalten nicht nur einen Preisvorteil, sondern wir haben noch viel mehr zu bieten."	Für werdende sowie bestehende Stammkunden Ihres Unternehmens, sollten Sie immer mehr als nur den Preis mit in die Verhandlungsmasse einbringen. Ein gutes Signal ist es auch dem Verhandlungspartner zu symbolisieren, dass Sie ihn schon heute wie einen guten Stammkunden behandeln

Fazit zu dieser Strategie

Freundlich und stets dem wahren Anspruchsdenken des Kunden auf der Spur, sollte Ihre Vorgehensweise sein. Eine Vielzahl an Strategien lässt sich immer dann finden, wenn eine sorgfältige Analyse der Behauptung des Kunden erfolgt ist. Analyse vor Antwort ist keine Strategie, sondern die Königsdisziplin für eine erfolgreiche Preisverhandlung des Verkäufers.

„Ich bin sehr zufrieden und möchte Sie bei guten Preisen gerne weiterempfehlen." – Wissenswertes zu dieser Strategie

Diese Behauptung weckt sofort das Interesse eines jeden Verkäufers. Da lohnt sich schon das Hinterfragen nicht mehr, oder sollen wir den Kunden direkt danach fragen, an wen er uns denn nun weiterempfehlen wird, etwa nach Name, Anschrift, Portemonnaiegröße des

8.4 Die Vielversprecherstrategien

guten Bekannten? Überhören wäre hier eigentlich das Beste, aber warum nicht die Vorteile einer solchen Behauptung nutzen?

Ihre möglichen Antworten	Hintergründe und mögliche Handlungsalternativen für Sie
„Ich freue mich, dass Sie meine Beratungsleistung so honorieren."	Natürlich, lieber Kunde, bin ich als Verkäufer gut, sonst stünde ich ja nicht hier. Und dass der Kunde eventuell sogar noch weitere Kunden schicken will, ist nun wirklich nicht seine Leistung, sondern das Ergebnis Ihrer guten Beratung
„Sicherlich haben Sie Verständnis dafür, wenn dieses Argument mir nicht ermöglicht, Ihnen einen größeren Rabatt zu gewähren."	Ob demnächst wieder zwei Teile oder noch ein paar Kunden – die Preisverhandlung gilt nur für heute und verkauft wird das Fell des Bären nicht, bevor er erlegt ist. So auch hier. Eine Nachfrage ist somit nicht erforderlich
„Das ist aber nett."	Besser können Sie dem Kunden nicht zeigen, dass seine Behauptung in Ihren Augen allemal ein frommer Wunschgedanke ist

Fazit zu dieser Strategie

Mit dem vermeintlichen Versprechen umzugehen, ist für den Verkäufer nicht unbedingt einfach – aber auch keine unlösbare Aufgabe. Hat der Kunde erst einmal eingesehen, dass diese Behauptung keinen Einfluss auf Ihr Rabattangebot hat, wird er andere Argumente suchen, um seinen gewünschten Preisnachlass durchzusetzen. Wer aber so plakativ seine Verhandlungsstrategien aufbaut, von dem ist an weiteren Strategien im Regelfall nicht mehr viel zu erwarten.

„Ich kaufe dieses Jahr noch drei Teile bei Ihnen." – Wissenswertes zu dieser Strategie

Wie schon in der zuvor beschriebenen Strategie „Noch 2 Teile" oder „Viele weitere Kunden" mag auch hier die Behauptung des Kunden wiederum durchaus ehrlich gemeint sein. Somit können Sie auf jeden Fall aktiv auf die Behauptung eingehen. Nachfragen ist aber überflüssig. Wenden Sie sich daher den anderen Strategien zu, um in dieser Situation angemessen zu reagieren.

Ihre möglichen Antworten	Hintergründe und mögliche Handlungsalternativen für Sie
„Darüber würde ich mich sehr freuen. Die Preise verhandeln wir dann beim Kauf."	Kein Widerspruch, sondern eine Bestätigung für Sie. Bei Ihrer vortrefflichen Beratungsleistung hätten Sie es auch nicht anders erwartet
„Kaufen Sie doch heute die Waren und wir können uns auf den perfekten Preis einigen."	Die Aufforderung zum Sofortkauf deckt auch die wirklichen und wahren Kaufabsichten des Kunden auf. Auch die Anwendung der Angebotsstrategie kann sinnvoll sein. Doch bitte wie immer – mit dem Angebot auch die Zahlfrage abklären
„Wollen Sie schon heute fest bestellen? Ich vermerke gerne diesen Nachlass auf der Bestellung."	Praktisch, direkt und gut. Der Kunde ist an der Reihe, sich zu äußern. Zudem ist die Botschaft klar, jetzt dieser Preis und beim nächsten Kauf ein anderer

Ihre möglichen Antworten	Hintergründe und mögliche Handlungsalternativen für Sie
„Haben Sie bitte Verständnis dafür, dass wir auf dieses exklusive Stück keinen oder nur geringen Nachlass gewähren können."	Stellen Sie die Einzigartigkeit des Stückes in den Vordergrund. Nicht die Preisleistung, sondern die Alleinstellungsmerkmale, wie eventuell Exklusivität,
	Einzelstück,
	Sonderanfertigung,
	Limitierung dem Kunden gegenüber besonders hervorheben

Fazit zu dieser Strategie
Ein Mengenrabatt ist sicherlich nicht in jedem Unternehmen realisierbar. Dies ist dem Kunden im Regelfall auch einfach und souverän zu vermitteln. Auf die versteckte Frage nach Mengenrabatt kann immer der offene Widerspruch erfolgen, nicht jedoch ohne dem Kunden eine Alternative anzubieten oder ein Angebot in kleinen Schritten zu unterbreiten. Wer sagt denn, dass Mengenrabatte immer hoch sein müssen?

8.5 Die Mitleidsstrategien der Kunden

„Ich habe leider nur 1.000 € dabei." Der Preis beträgt jedoch 1200 €. – Wissenswertes zu dieser Strategie
Die Mitleidsstrategie ist eine alt bekannte Verfahrensweise. Der Kunde versucht bei seinem Gegenüber Mitleid oder ein Sympathiegefühl zu erzeugen, um diesen von der Härte seiner Verhandlung abzubringen und einen Vorteil, hier vor allem einen geldwerten Vorteil zu erlangen. Diese Strategie wird häufig dann angewendet, wenn dem Kunden keine Sachargumente für ein Rabattangebot einfallen. Daher ist der Umgang mit diesem Kundentyp für den in Rabattfragen trainierten Verkäufer keine schwierige Aufgabe. Sie können dem Kunden ein noch viel höheres Einkaufsbudget zutrauen, auch wenn er vielleicht tatsächlich nicht so viel Geld dabei hat oder ausgeben will. Wer sich zu Produkten ab einer gewissen Preislage beraten lässt, hat in der Regel die finanziellen Möglichkeiten diesen Artikel auch tatsächlich zu erwerben. Die Gründe für diese Strategie können Geiz oder nur momentane finanzielle Engpässe sein. Jedoch finden sich die Ursachen all dieser Probleme nicht auf der Seite des Verkäufers oder gar des Unternehmens, sondern sind alleinige Angelegenheit des Kunden.

8.5 Die Mitleidsstrategien der Kunden

Ihre möglichen Antworten	Hintergründe und mögliche Handlungsalternativen für Sie
„Auch dafür gibt es eine Lösung."	Sie sollten die Frage des Kunden zunächst nahezu ignorieren und nochmals die Vorzüge Ihres Unternehmens und die des Produktes klar herausarbeiten
„Der Rest kann gerne später bezahlt werden und wir reservieren die Ware so lange für Sie."	Sie können dem Kunden die Alternative, noch ein bisschen auf die Ware zu warten, aber sich dann auch den Wunschtraum zu erfüllen, vorschlagen. Bieten Sie gleich Zahlungsvorschläge mit an. War die Aussage des Kunden jedoch nur der Versuch, einen Rabatt zu bekommen, wird er nun seine Strategie ändern und energischer darum verhandeln
„Der Rest kann mit Scheck/Kreditkarte bezahlt werden."	Diese Strategie zielt nicht mehr auf die Kaufentscheidung, sondern auf die Frage nach der Zahlungsweise ab – der Kunde hat sich im Regelfall ja auch bereits zum Kauf entschlossen
„Was halten Sie von dem Angebot, 1.150 € bar zu zahlen und den Rest später zu begleichen?"	Auch diese Angebotsstrategie eröffnet dem Kunden die Möglichkeit, den Rest später zu zahlen
„Auch in dieser Preislage kann ich Ihnen wunderschöne Dinge zeigen."	Damit hat der Kunde nicht gerechnet – er wollte doch eigentlich Rabatt. Beobachten Sie den Kunden sorgfältig und Sie erkennen, dass er doch bei seinem Kaufentschluss bleibt

„Alles wird teurer, liest man, da soll man doch um die Preise handeln." – Wissenswertes zu dieser Strategie

Ein Kunde, der diese Strategie nutzt, kennt sich in Rabattverhandlungen zwar in der Regel nicht aus, aber Recht hat er dennoch, denn wer nicht verhandelt, ist der Dumme. Vermitteln Sie ihm daher das Gefühl, dass er eben nicht der Dumme ist. Schlau in Sachen Rabattverhandlungen ist er in diesem Falle aber nicht, denn er hat sich nicht informiert, ob auch bei Ihren Waren der Preis inzwischen gestiegen ist. Die Information des Kunden ist nur allgemeiner Natur und durch seine Strategie gibt er zu erkennen, dass er noch keine genaue Preisvorstellung hat. Teurer kann auch ein „Mehr an Leistung" sein.

Ihre möglichen Antworten	Hintergründe und mögliche Handlungsalternativen für Sie
„Das ist richtig, aber wir haben unsere Preise nicht erhöht."	Durch Bestätigung und Aufklärung, durch genaue Information entsteht ein gutes Gesprächsklima. Je nach Kundenreaktion lässt sich vielleicht auch rasch ein Angebot formulieren. Handeln Sie aber nur bei Barzahlung eine Skontohöhe aus
„Die Presse schreibt natürlich nur allgemeine Informationen, bei uns ist das…"	Die Differenz zwischen allgemeinen Informationen und Ihren Waren ist dem Kunden nicht bekannt. Bei Orientteppichen und Autos stimmt seine Feststellung, aber bei Ihren angebotenen Waren…?
„Da haben Sie generell Recht – wer heutzutage nicht um den Preis verhandelt, hat den Nachteil. Wir haben unsere Preise allerdings generell gesenkt/ knapp kalkuliert, damit auch der Nichtprofi zum Zuge kommt."	Dies ist eine Antwort, die nicht jeder Kunde akzeptieren wird – für Waren mit Preislisten sowieso nicht. Aber für Schmuck, Möbel etc. ist diese Strategie durchaus sehr gut einsetzbar. Der Erfolg Ihres Unternehmens liegt in den generell realen Preisen und nicht im Gewähren hoher Rabatte. Erklären Sie ruhig den Unterschied zwischen Fantasiepreisen und dem tatsächlichen Preis bzw. Wert einer Ware

Ihre möglichen Antworten	Hintergründe und mögliche Handlungsalternativen für Sie
Humorvoll! „Möchten Sie den Rabatt erwerben oder das Produkt? Dank vieler Mondpreise weiß man das heute nicht mehr so ganz genau."	Dem Trend „Geiz ist geil" ist Einhalt zu gebieten. Da der Kunde nicht dumm ist, weiß er dies. Trotz allgemeinem Geiz – niemand hat etwas zu verschenken

„Der Preis ist doch sooo hoch, da sind 20 Prozent Rabatt immer drin und Sie verdienen noch." – Wissenswertes zu dieser Strategie

Dass der Preis „sooo" hoch ist, ist lediglich eine Annahme des Kunden und sein subjektiver Eindruck. Dass dem nicht so ist, will der Kunde an dieser Stelle oftmals nicht verstehen. Trotzdem steckt hinter dieser Frage nicht nur Mitleid, sondern die Absicht, dass Sie ihm am besten Ihre Kalkulation offen legen sollen, um ihm Einblick in Ihre Rabattmöglichkeiten zu gewähren, was Sie natürlich nicht ohne weiteres tun sollten. Ohne überhaupt auf die Frage des Kunden zu antworten, besteht auch die Möglichkeit, ihm Waren, die günstiger sind, vorzulegen. Warten Sie also zunächst seine Reaktion ab.

Ihre möglichen Antworten	Hintergründe und mögliche Handlungsalternativen für Sie
„Jedes Teil, ob Uhr/Schmuck/Möbelstück oder Automobil, hat seinen Wert und der macht den Preis aus."	Durch das feste Verknüpfen von Wert und Preis durchbrechen Sie die Vorstellung von überhöhten Kalkulationen. Das sollten Sie daher deutlich und präzise erklären. Hat der Kunde bereits eine Preisvorstellung, wird er sie jetzt nennen
„Wir haben unsere Preisvorgabe, an die wir uns halten müssen."	Das wirkt nur bei Artikeln, die exklusiv im Sortiment sind. Auch hier ist die Kundenreaktion abzuwarten, bevor eventuell ein Strategiewechsel erfolgt
„Das Preis-Leistungs-Verhältnis ist bei unseren Artikeln absolut korrekt".	So ein bisschen beleidigt dürfen Sie angesichts der Behauptung des Kunden schon sein. Je nach Reaktion sollten Sie ihm andere Waren in niedrigeren Preislagen vorlegen
„Da, wo Sie 20 Prozent erhalten ist das Produkt auch nur 80 Prozent wert! Sie haben Recht, wenn Sie nur für den tatsächlichen Wert bezahlen."	Das Aufgliedern des Preises in einzelne Werte kann Sie aber nicht zum Erfolg führen. Die Argumentationskette, die folgen muss, sollte alle Unklarheiten über den Wert des Produktes beseitigen

„Mein Gegenstand wurde gestohlen und die Versicherung zahlt so schlecht." – Wissenswertes zu dieser Strategie

Zunächst einmal ist ein Diebstahl für jeden Kunden ohne Frage natürlich bedauerlich. Keinem wünscht man ein solches Ereignis. Es gibt allerdings für Sie als Verkäufer kaum eine angemessene Methode, um den Wahrheitsgehalt dieser Aussage zu überprüfen. Aus Ihrer Sicht ist es natürlich gut, wenn der Kunde das gestohlene Produkt, weil er es wahrscheinlich sehr geschätzt hat, ersetzen will. Aber Vorsicht bei der Gewährung überhöhter Rabatte – diese verlangt er gegebenenfalls beim nächsten Mal erneut, gerade wenn Sie ihm eine explizite Höhe des Prozentsatzes nennen.

8.5 Die Mitleidsstrategien der Kunden

Ihre möglichen Antworten	Hintergründe und mögliche Handlungsalternativen für Sie
„Das tut mir wirklich aufrichtig Leid. Ich werde mit Ihnen nach einer optimalen Lösung suchen."	Kunden, bei denen eingebrochen worden ist oder die bestohlen wurden, sind oftmals sehr redselig. Lassen Sie den Kunden zur Sprache kommen und entwickeln Sie zusammen mit ihm mögliche Preisalternativen. Ein besonnenes Gespräch mit viel Sympathie vermeidet hohe Rabatte
„Suchen wir nach einer gemeinsamen Lösung. Versicherungsgutachten sind oft sehr niedrig."	Bitte Anteil nehmen und Bereitschaft zeigen. Lassen Sie sich Fotos von dem abhanden gekommenen Schmuck zeigen. Eventuell hilft es ein Gutachten anzubieten, mit dem der Wert realistischer ermittelt werden kann, als es die Versicherungen in ihren Gutachten tun

„Ich habe doch schon so viel bei Ihnen gekauft. 10 Prozent Rabatt reichen da wirklich nicht mehr aus." – Wissenswertes zu dieser Strategie

Vorsicht! Der Kunde ist inzwischen aufgeklärter als bei seinen vorherigen Besuchen und schöpft aus Erfahrungswerten. Er hat gelernt, Ansprüche zu entwickeln und diese auch in Ihrem Unternehmen durchzusetzen. Er nutzt nun ein bisschen Mitleid als Verpackung für die Erweiterung seiner Ansprüche. Andererseits hat er auch nicht grundlos so viel bei Ihnen gekauft. Er war zufrieden sowohl mit Ihrem Produkt als auch Ihrer Leistung und will es auch weiterhin sein. Und was ist „viel" aus der subjektiven Sicht des Kunden im Vergleich zu der des Verkäufers?

Ihre möglichen Antworten	Hintergründe und mögliche Handlungsalternativen für Sie
Wenn Sie bislang so viel bei uns gekauft haben, hat das doch sicher seinen guten Grund – Sie sind doch zufrieden mit unserer Ware?"	Hoffen Sie auf positive Informationen vom Kunden, auf denen Sie Ihre Argumentationskette aufbauen können
„Sie sollten den Wert jedes Teils für sich sehen."	Unterstreichen Sie das Preis-Leistungs-Verhältnis und weisen Sie darauf hin, dass 10% Rabatt ohnehin nicht mehr möglich sind
„Bei wem haben Sie in unserem Hause so viel gekauft? Stehen Sie in unserer Kundenkartei?"	Verschaffen Sie sich die notwendigen Informationen. Klären Sie ab, was „viel" ist
„10 Prozent räumen wir schon lange nicht mehr ein. Unser Nettopreissystem hat sich erfolgreich bei unseren Kunden bewährt und wir haben viele neue dazugewonnen."	Diese Strategie klappt im Regelfall. Bei steigenden Preisen sollten Sie z. B. das Material, die Qualität und den dennoch günstigen Preis herausstellen

Fazit zu den Mitleidsstrategien

Lediglich der Mangel an Sachkenntnis über Rabattstrategien veranlasst den Kunden zu Mitleidsstrategien. Für Sie sind solche Fälle nicht immer einfach zu lösen, ohne gleichzeitig das Gesprächsklima zu beeinträchtigen. Der Kunde ist rationalen Argumenten hier oft nicht zugänglich. Ohne Bestätigung der Aussage des Kunden kommen Sie selten weiter.

Mitleid und Empathie ist streng an Behutsamkeit gebunden. Der Kunde darf sich Ihnen gegenüber nie schutzlos fühlen, sonst werden Sie ihn verlieren.

8.6 Die dreisten Kundenstrategien

„Rufen Sie mich doch an, wenn Sie an einem Verkauf mit 20 Prozent Nachlass interessiert sind!" – Wissenswertes zu dieser Strategie
Dreiste Kunden sind im Regelfall in Ihrer Sprachwahl und ihrem Auftreten sehr salopp und strahlen zudem meist ein bisschen Überheblichkeit aus. Ihre Strategie erkennen Sie schon an der Wortwahl. Ebenso ist es wahrscheinlich, dass der Kunde mit diesem Angebot schon einmal Erfolge bei Händlern verbuchen konnte. Bei Ihnen sollte er allerdings die gegenteilige Erfahrung machen. Um glaubwürdig zu vertreten, dass Sie fest hinter dem angegebenen Preis stehen und weitere Missverständnisse zu vermeiden, ist eine schnelle und klar geäußerte Antwort erforderlich.

Ihre möglichen Antworten	Hintergründe und mögliche Handlungsalternativen für Sie
„Darf ich um Ihre Visitenkarte/Ihren Namen bitten. Wir haben keinen Telefonverkauf und können die Frage nach dem Preis besser sofort klären."	Die Frage nach der Visitenkarte/dem Namen führt den Kunden zu einer gewissen Verbindlichkeit der Kaufabsicht. Anhand seiner Reaktion können Sie die Ernsthaftigkeit seiner Kaufabsicht prüfen. Zögert er, verzichten Sie auf weitere Angebote
„Wir geben keine Preisauskünfte am Telefon. Bitte besuchen Sie uns doch."	Preisanfragen am Telefon können durchaus auch von Mitbewerben stammen. Verlangen Sie daher bei telefonischen Anfragen immer eine Rückrufnummer, etwa mit dem folgenden Hinweis: „Zur Zeit ist im Betrieb viel zu tun". Ist der Kunde wirklich interessiert, wird er gegen einen Rückruf keine Einwände haben
Gegenangebot unterbreiten: „Wie zahlen Sie denn?"	Die Frage nach der Zahlungsweise eröffnet immer Perspektiven für einen Strategiewechsel und für ein konkretes Gegenangebot

„Ich kaufe nur bei einem Preis von 5000 €!" Tatsächlich beträgt der Preis 6500 € – Wissenswertes zu dieser Strategie
Ein Kunde mit einer solch dreisten Verhandlungsstrategie kann aus Erfahrungswerten schöpfen und kennt sowohl Erfolge als auch Niederlagen. Geben Sie ihm, je nach Käufertyp, eine stilvolle, humorvolle aber eindeutige Absage. Erklären Sie dies klipp und klar und führen Sie keinen Strategiewechsel ein. Wenn Sie nicht, wie der Kunde in diesem Moment wahrscheinlich erwartet hat, mit einem Gegenangebot reagieren, wird ihn das zu einem Strategiewechsel veranlassen, sofern er doch eine ernsthafte Kaufabsicht hegt.

8.6 Die dreisten Kundenstrategien

Ihre möglichen Antworten	Hintergründe und mögliche Handlungsalternativen für Sie
„Diesen Preis kann ich Ihnen nicht gewähren. Lassen Sie uns nach einer anderen Lösung suchen."	Der klare Widerspruch lässt den Kunden erst einmal unberührt. Er kennt derartige Niederlagen wahrscheinlich. Üblicherweise folgt eine angemessenere Anfrage oder der Kunde wechselt seine Strategie ganz
„Wie kommen Sie zu genau diesem Preis?"	Dem Kunden wird eine Erklärung abverlangt, auf die er im Regelfall nicht vorbereitet ist. Beobachten Sie daher genau seine Körpersprache. Erkennen Sie Unsicherheiten, weisen Sie erneut auf die Unangemessenheit seiner Vorstellungen hin (z. B. „Das geht nun wirklich nicht"). Nennt der Kunde Argumente für den vorgeschlagenen Preis, geben Sie sich gelöst und gehen Sie souverän darauf ein. Widerlegen Sie ruhig und besonnen ein Argument nach dem anderen. Ihre Zähigkeit wird hier wiederum zum Erfolg führen
„Ich verkaufe nur zu einem Preis von 6500 €."	Ist Ihr Preis fest bestimmt, so ist er von Ihnen auch so zu vertreten, und dann ist dies das richtige Gegenangebot für diese dreiste Käuferstrategie. Diese Aussage muss zügig und in sicherem Tonfall vorgetragen werden. „Ich verkaufe nur" zwingt den Kunden zu Argumenten. Im Zweifelsfall muss er erklären, warum er andernfalls nicht kauft. Die von Ihnen gewonnenen Informationen lassen sich dann gezielt in weitere Verhandlungsstrategien einbringen

„Ich kenne Ihre Marge. Kommen Sie mir nur nicht mit 10 Prozent." – Wissenswertes zu dieser Strategie

Ein Kunde mit einer solchen Strategie ist in der Regel dreist, aber ahnungslos. Er kennt die Marge nicht und beruft sich auf vermeintliche Kenntnisse vom Hörensagen. Er nutzt sein gefährliches Halbwissen um unrealistische Forderungen zu stellen, ohne zu wissen, welche Kosten mit der Marge eines Produktes gedeckt werden müssen. Dabei begibt er sich mit einer derart dreisten Behauptung aufs Glatteis. Spätestens wenn er Ihre souveräne Sicherheit verspürt, wird er merken, dass seine Strategie nicht funktioniert. Und Sie wissen selbst, dass ein Nachlass von 10 % unter Umständen nicht möglich ist.

Ihre möglichen Antworten	Hintergründe und mögliche Handlungsalternativen für Sie
„Dann brauche ich Ihnen ja nicht zu erklären, das ich dieser Rabattforderung nicht entsprechen kann."	Eine Ablehnung in dieser Form erwartet der Kunde im Allgemeinen nicht. Noch direkter ist die Gegenfrage an den Kunden, wie hoch bzw. niedrig die Marge denn ist. Da sie für jede Warengruppe – teilweise sogar für jedes Produkt – individuell kalkuliert ist, kann er sie nicht kennen
„Woher kennen Sie die Marge denn?"	Dies ist eine klassische Nachfragestrategie! Nun muss der Kunde direkt, unmissverständlich und ohne Umwege Farbe bekennen. Dies ist ihm in der Regel nicht möglich. Auf die dreiste Argumentation des Kunden darf dann auch mal leicht dreist nachgefragt werden. „Aber Sie haben doch gesagt, Sie kennen die Marge", ist eine geeignete Antwort auf seine dann doch deutlicher werdende Unwissenheit

Ihre möglichen Antworten	Hintergründe und mögliche Handlungsalternativen für Sie
„Die Margen sind allgemein bekannt. Sie sagen mir nichts Neues. Gerade deshalb verstehe ich Ihre Nachfrage nach 10 Prozent nicht"	Die Besonderheit, dass nur Ihr Kunde die Marge kennt, haben Sie ihm genommen. Er erkennt sofort Ihre Routine im Umgang mit solchen Kundenstrategien. Der Nachsatz fordert nur zur Stellungnahme auf. Der Kunde muss nun erklären, nicht Sie. Er wird sich fortan in widersprüchlichen Argumenten verstricken. Warten Sie geduldig, bis er alle genannt hat. Etwas Besseres als das der Kunde sein Pulver bereits komplett verschießt kann Ihnen an dieser Stelle nicht passieren

„Ihr Geschäftsführer/Kollege bekommt bei mir auch immer sehr viel Nachlass!" – Wissenswertes zu dieser Strategie

Diese Art der Fragetechnik wendet der Kunde erfahrungsgemäß tatsächlich nur dann an, wenn er mit jemandem aus dem Betrieb schon Geschäfte getätigt hat. Unklar bleibt natürlich die Höhe der angeblich gewährten Rabatte, die oftmals durch die Nichtvergleichbarkeit der Produkte zustande kommt. Dabei sind drei Fragen grundsätzlich zu beachten:

1. Lassen sich die Waren überhaupt miteinander vergleichen? Sind etwa Orientteppiche, die grundsätzlich mit Nachlass verkauft werden, mit den Produkten Ihres Unternehmens vergleichbar?
2. Lassen sich die Rabatthöhen, die je nach Branche sehr unterschiedlich sein können, vergleichen? Handelt es sich eventuell um Mengenrabatte?
3. Schließlich ist sogar bei einer Automarke, besonders wenn sie schwer verkäuflich ist, Rabatt möglich – gelten die gleichen Regeln auch für Produkte Ihres Unternehmens?

Ihre möglichen Antworten	Hintergründe und mögliche Handlungsalternativen für Sie
„Oh, dann muss er aber viel gekauft haben. Das werde ich sofort klären. An wen in unserem Hause haben Sie verkauft?"	Die Nachfragestrategie ist das sicherste Instrument. Mit dem Hinweis auf sofortige Klärung erhält der Kunden zwei Botschaften: Hohe Rabatte sind ausgeschlossen und auch jede folgende Aussage des Kunden wird von Ihnen umgehend genau geprüft
„Aus welcher Branche kommen Sie und was für ein Produkt wurde denn erworben?"	Auch hier empfiehlt sich die Nachfragestrategie. Ermitteln Sie Unterschiede zwischen den Branchen oder den Waren und argumentieren Sie dementsprechend
„Welche Mengen wurden gekauft?"	Auf diese Weise erkennen Sie abweichende Betrachtungsweisen zwischen dem Kunden und Ihnen. So sind z. B. Mengen- oder Sonderrabatte wie auch Aktionsrabatte für besondere Waren, wie bei den von ihnen angebotenen Waren unter Umständen nicht angemessen
„Was hat er denn bei Ihnen erworben?"	Diese Frage dient nicht zur Kontrolle oder zur Verifizierung eines tatsächlichen Kaufs. An dieser Stelle ist es eher von Wichtigkeit, Informationen zu sammeln und Unterschiede aufzudecken und mit dem Kunden zu besprechen – zeigen Sie ihm die Schwierigkeit eines direkten Vergleiches mit Ihren Produkten auf

„Mit Verkäufern verhandle ich nicht um den Preis. Holen Sie mal den Geschäftsführer/Chef/Verkaufsleiter." – Wissenswertes zu dieser Strategie

Ein Kunde begeht mit einer solchen Äußerung einen entscheidenden Fehler: Durch das Infragestellen Ihrer Kompetenzen und Entscheidungsbefugnisse belastet er die Beziehung zu Ihnen, indem er Sie nicht ernst nimmt. Diesen ungerechtfertigten Vertrauensentzug darf der Kunde durchaus leicht zu spüren bekommen. Da es im Unternehmen klare Absprachen geben sollte, brauchen Sie den Vorgesetzten nicht fürchten – er wird erfahrungsgemäß hinter Ihrer Beratungs- und Verkaufskompetenz stehen und Ihnen daher auch zutrauen, dass Sie korrekte Preisverhandlungen führen.

Ihre möglichen Antworten	Hintergründe und mögliche Handlungsalternativen für Sie
„Sie können sich bedenkenlos auch mit mir darüber unterhalten. Es gibt klare Richtlinien in unserem Hause."	Und gerade diese klare Linie muss dem Kunden von Anfang an vermittelt werden
„Gerade von unserem Geschäftsführer haben wir klare Anweisungen, keinen oder nur einen geringen Nachlass zu gewähren."	Auch hier gilt: Schützen Sie Ihren Vorgesetzten. Wer nicht weiß, dass allenfalls der Verkäufer, nicht aber der Kunde den Chef ruft, muss seine Verhandlungsstrategien dringend verbessern!
„Halten Sie dies für eine gute Idee? Ich werde Ihnen erklären, warum dies an der Preisfrage nichts ändern wird…"	Eine rhetorische Diskussion über die Vorteile doch mit Ihnen zu verhandeln, hat schon oft zum Erfolg geführt. Aber Vorsicht, der Eindruck, dass Sie die Anwesenheit Ihres Vorgesetzten vermeiden, darf nicht entstehen. Vielmehr sollen Sie den Kunden darauf vorbereiten, dass sich durch den Chef hinsichtlich des Preises nichts ändern wird
„Halten Sie das für eine gute Idee? Aus Erfahrung weiß ich, dass …"	Auf diese Weise zeigen Sie Ihrem Kunden erneut, dass Sie zum einen volle Rückendeckung seitens der Führungsebene haben und zusätzlich, dass Ihr Kunde mit Ihnen als Verhandlungspartner gut, wenn nicht sogar besser bedient ist als mit Ihrem Chef

„Kennen Sie mich nicht? Ich bin Promi! Wenn ich eines Ihrer Produkte erwerbe, ist das für Sie werbewirksam!" – Wissenswertes zu dieser Strategie

Haben sie eine solche Aussage noch nie in Ihrem Unternehmen gehört? Auch meinen Mitarbeitern im Verkauf sind nur zwei Fälle dieser Art bekannt. Einmal handelte es sich bei dem Prominenten um den Platzwart unseres örtlichen Fußballvereins, das andere Mal war es der Redakteur einer Zeitung. Dennoch gilt immer, dass echte Promis so bekannt sind, dass Sie sie auch erkennen werden, wenn Sie ein Verkaufsgespräch mit ihnen führen – nur „Möchtegern-Promis" bleiben unentdeckt und können auch von einem Verkäufer nicht zum wahren Prominenten herauf gestuft werden.

Ihre möglichen Antworten	Hintergründe und mögliche Handlungsalternativen für Sie
„PR und Werbung werden direkt von der Geschäftsleitung geregelt. Darf ich daher um Ihre Visitenkarte/Ihren Namen bitten."	Damit hat der vermeintliche Prominente nicht gerechnet. In diesem Unternehmen gibt es klare Kompetenzen und er weiß als „Promi", dass er lange auf eine Rabattvermittlung warten muss, wenn erst einmal die PR- und oftmals dann auch noch die Rechtsabteilung eingeschaltet wird
„Geben Sie mir bitte Ihre Visitenkarte, unsere Geschäftsführung wird sich bei Ihnen melden."	Vorsicht! Beobachten Sie den Kunden genau. Die Frage kann dazu führen, dass er Ihnen tatsächlich seine Visitenkarte gibt, sich aber für immer von Ihnen verabschiedet. Signalisiert die Körpersprache des Kunden erstauntes Entsetzen, haken Sie sofort nach, wechseln Sie die Strategie und beginnen Sie mit Angeboten in kleinen Schritten

Fazit zu den dreisten Kundenstrategien
Einige dieser Kunden wirken salopp und ein wenig überheblich, provokant mit einem bisschen Bluff, aber im Regelfall nicht wirklich informiert – wie ist Ihr Gefühl bei einem solchen Kunden?

Genau – das Gefühl, dass Sie den Kunden, der eine der genannten Strategien verfolgt, schätzen, aber auch durchschauen, muss ihm vermittelt werden. Sie können sich mit dem guten Gefühl, nicht pokern zu müssen, sich also auf die Kundenstrategie nicht einlassen zu müssen, beruhigt auf solche Gespräche einlassen, da Sie diese Strategien geschickt entkräften und zu einem Ihnen dienlichen Strategiewechsel übergehen können.

Die dreiste Prozentforderung, das sprichwörtliche Diktat „nur bei 20 Prozent", zeigt oftmals nur Stärke im Wort, nicht in der Argumentation. So ist auch die Vorgabe eines festen Betrages durch den Kunden genau zu analysieren. Der Kunde ist oft zu dreist und das vorgebliche Wissen um die Marge, stammt oftmals nur vom Hörensagen. Ein „Möchtegern-Promi", der nur mit Chefs verhandeln will und eigentlich nur in seinen eigenen Augen wichtig ist, wird von Ihnen keine Selbstbestätigung erhalten. Bei ihnen wird jeder Kunde gleich behandelt, unabhängig von seinem äußeren Erscheinungsbild und unabhängig von vermeintlicher Prominenz.

Den Kunden mögen oder nicht mögen? – Diese Frage stellt sich für Sie als gutem Beziehungsmanager beim Preis eben nicht, vielmehr geht es für Sie um das geschickte Managen von dreisten Kundenanfragen. Bei solchen Kunden sind daher Widerspruchs- und Nachfragestrategie die Haupteinsatzwerkzeuge.

8.7 Die unkorrekten Kundenstrategien

„Was kostet es ohne Rechnung?" – Wissenswertes zu dieser Strategie
Wenn ein Kunde mit dieser Frage zu Ihnen kommt, ist sein Ansinnen zweifelsohne nicht korrekt. Dass er diese Frage überhaupt stellt, scheint darauf hinzuweisen, dass er auf diese Weise bereits Erfolge gehabt hat. In sehr kleinen, meist inhabergeführten Unternehmen wird solchen Anfragen leider auch gelegentlich nachgekommen. In einem fairen und kor-

rekt handelnden Unternehmen ist dies natürlich nicht möglich, zudem ist es gesetzlich verboten und somit unlauter. Die im Juristendeutsch sogenannte Umsatzsteuerverkürzung (§ 13 UStG) ist eine Straftat und wird mit Geldstrafe geahndet, in schweren Fällen mit Gefängnis, sprich Freiheitsentzug. Der Kunde weiß um die Illegalität und er sollte und darf wissen, dass auch Ihnen dies bekannt ist. Einem solchen Ansinnen wird also grundsätzlich widersprochen.

Ihre möglichen Antworten	Hintergründe und mögliche Handlungsalternativen für Sie
„Bei uns läuft alles ordnungsgemäß und korrekt. Das erfolgt besonders zu Ihrem Vorteil."	Machen Sie die Unmöglichkeit, diesem Kundenwunsch nachzukommen, unmissverständlich deutlich
„Wir können gerade aus Garantie- und Gewährleistungsgründen alles nur mit Rechnung verkaufen."	Verdeutlichen Sie die Wichtigkeit des Kaufnachweises hinsichtlich der möglichen Inanspruchnahme von Garantie und Gewährleistung
„Alle unsere Waren sind elektronisch inventarisiert und können daher nur mit entsprechendem Kaufbeleg veräußert werden."	Stellen Sie die Vorteile des ordnungsgemäßen Verkaufs heraus
„Das Gleiche wie mit Rechnung."	Ein klare und unmissverständliche Antwort, die deutlich macht, dass Sie ein derart ungesetzliches Anliegen nicht auch noch belohnen würden
„Was ist, wenn Ihnen die Ware abhanden/gestohlen wird. Ein Versicherungsschaden? Wie wollen Sie da einen Nachweis erbringen?"	An dieser Stelle wird der Vorteil eines Kaufs mit Rechnung, jedem Kunden besonders deutlich
„Heben Sie die Quittung einfach da auf, wo sie vor jedem sicher ist."	Hier geben Sie dem Kunden die Möglichkeit, festzustellen, dass es bei Ihnen keinen Verhandlungsspielraum für einen Kauf an der Steuer vorbei gibt

„Für die Preisdifferenz lade ich Sie zum Essen ein!" – Wissenswertes zu dieser Strategie
Wenn ein Kunde mit einem solchen Angebot auf Sie zukommt, kann man Ihnen eigentlich nur gratulieren. Eine größere Anerkennung für Sympathie, Charme und Kompetenz im Beziehungsmanagement können Sie vom Kunden nicht erhalten. Die Frage mag durchaus ironisch gemeint sein und daher sollten Sie als gestandener Mitarbeiter damit angemessen umgehen. Achten Sie auch auf die Compliance-Regeln und berufen Sie sich gegebenenfalls darauf. Es gibt keine gesetzlichen Regelungen oder Unternehmensvorschriften, die ein Essen mit Kunden verbieten. Dennoch, verhalten Sie sich Ihrem Unternehmen gegenüber stets loyal, denn auch dies beeinflusst die Außenwirkung Ihres Unternehmens positiv. Diese Loyalität müssen Sie dem Kunden gegenüber aber unmissverständlich verdeutlichen, um gar nicht erst den Gedanken einer möglichen Bestechlichkeit aufkommen zu lassen.

Ihre möglichen Antworten	Hintergründe und mögliche Handlungsalternativen für Sie
„Danke für das nette Angebot. Es tut mir leid, aber schon aus Gründen der Loyalität meinem Unternehmen gegenüber kann ich Ihr Angebot nicht annehmen."	Auf diese oder ähnliche Art können Sie die Ablehnung des Angebots höflich, aber unmissverständlich zum Ausdruck bringen
„Mein Partner wird bestimmt nicht erfreut darüber sein. Sie werden dies sicherlich verstehen."	Den Eingriff in die Privatsphäre sollten Sie unmissverständlich abwehren
„Es sind Compliance-Regeln in unserem Unternehmen vorhanden. Daran bin ich gebunden."	Compliance-Regeln sind firmen- oder unternehmenseigene Gesetze, Regeln, Richtlinien oder freiwillige Kodizes, die ein Vermeiden von Regelverstößen, die der Reputation des Unternehmens schaden könnten, gewährleisten sollen, mithin ein rechtstreues Verfahren, das dem Kunden einleuchtet. Immerhin wird bei Nichtbeachtung der Compliance-Regeln eher Ihnen persönlich geschadet, was der Kunde gewiss vermeiden möchte

Fazit zu den unkorrekten Kundenstrategien
Auf unkorrekte Fragestrategien des Kunden kann nur entschiedener Widerspruch und Ablehnung erfolgen. Dabei sollten Sie allerdings versuchen, einen Strategiewechsel auf Seiten des Kunden herbei zu führen. Beispiele für korrektes Verhalten sind folgende Reaktionen des Verkäufers:

- „Genau so viel wie mit Rechnung, und wie zahlen Sie..."
- „Mit einem vernünftigen Angebot von mir sind Sie, lieber Kunde, gut beraten und die Rechnung ist zu Ihrem Vorteil – als Garantie und Kaufnachweis"
- „Privatleben und Beruf trenne ich sehr sorgfältig. Was halten Sie davon, wenn ich Ihnen meinen Essensanteil auf den Preis anrechne?"

Letzteres aber bitte nur, sofern der Wert der Ware auch angemessen hoch ist...

Mit strategisch klug gewählten Antworten wie diesen stoßen Sie den Kunden nicht vor den Kopf. Sie neutralisieren seine Strategie eines unkorrekten Ansinnens. Auf diese Weise wird das Verkaufs- und Verhandlungsgespräch erneut belebt und Sie haben die Möglichkeit zielgerichtet weiter zu verhandeln. Ihre Argumente sind treffsicher. Die Klärungs- und Widerspruchsstrategien helfen Ihnen hier am schnellsten und effizientesten weiter.

9 Anhang: Zusammenfassende Ratschläge

Natürlich kann kein Verkäufer so viele Strategien permanent parat haben, geschweige denn alle behalten. Aber tägliche Übung am Kunden macht den Meister. Trainieren Sie daher diese Strategien, so oft wie es Ihnen möglich ist, direkt in Ihrem Geschäft. Ihr Vorgesetzter, Ihre Kollegen und nicht zuletzt Ihre Kunden werden dies zu schätzen wissen.

Damit die in diesem Buch vorgestellten Strategien und Tipps, die Sie beherzigen sollen, nicht in Vergessenheit geraten, habe ich sie hier noch einmal überschaubar für Sie zusammengefasst:

- Die 11 Profile des Verkäufers
- Die 12 Tipps für den Verkäuferalltag
- Die 13 Regeln für den Rabattalltag
- Die 24 Tipps für Sie
- Warum verlieren Unternehmen einen Kunden?
- Strategien zur Abwehr von Rabatt für den praktischen täglichen Wiedererinnerungseffekt.

9.1 Die 11 Profile des Verkäufers

In Abb. 9.1 sehen Sie noch einmal die elf Profile, die Sie in Ihren Verkaufsverhandlungen – je nach Erfordernis – strategisch einsetzen können und beherzigen sollten.

9.2 Die 12 Tipps für den Verkaufsalltag

Abbildung 9.2 zeigt Ihnen noch einmal die wichtigsten Tipps, die Sie im Verkauf beherzigen sollten, um den optimalen Erfolg zu erzielen.

I. Die 11 Profile des Verkäufers

1	Zeigen Sie dem Kunden gegenüber Stehvermögen.
2	Verkaufen Sie das Produkt – nie den Preis.
3	Nennen Sie den Preis frühzeitig und zwar mit den Leistungen.
4	Auf eine Leistung folgt immer eine Gegenleistung.
5	Vor der Rabattfrage sollten Sie die Frage nach der Bezahlung stellen.
6	Decken Sie Kaufwiderstände auf.
7	Glauben Sie nicht alles, was der Kunde sagt.
8	Resignieren Sie nicht, wenn der Kunde nicht kauft.
9	Binden Sie den Preis an den baldigen Kauf des Artikels.
10	Vermitteln Sie dem Kunden andere Dinge als nur einen guten Preis – z. B. Sympathie und Verständnis.
11	Seien Sie möglichst immer offen und ehrlich gegenüber dem Kunden.

Abb. 9.1 Die 11 Profile des Verkäufers. (eigene Darstellung)

II. Die 12 Tipps für den Verkäufer

1	Bleiben Sie dem Kunden gegenüber stets ruhig und souverän.
2	Verhalten Sie sich so, als ob Sie sicher wären, dass der Kunde kauft.
3	Achten Sie auf Kaufsignale des Kunden („Das ist aber prima", „schön", etc.).
4	Betonen Sie den emotionalen Nutzen des Kaufs („Da wird Ihre Frau sich aber freuen", etc.).
5	Fordern Sie durch indirekte Fragen zum Kauf auf.
6	Betonen Sie dem Kunden gegenüber immer wieder die Vorzüge, auch die emotionalen Werte eines Produktes.
7	Grenzen Sie die Auswahl an Waren frühzeitig ein.
8	Identifizieren Sie sich mit der Kaufentscheidung des Kunden.
9	Liefern Sie immer zusätzliche Kaufargumente.
10	Kommen Sie, wenn möglich, der Preis-/Rabattfrage des Kunden zuvor.
11	Lassen Sie den Kunden unbedingt die Ware befühlen. Stichwort: Haptik verführt.
12	Führen Sie einen offenen und fairen Dialog mit dem Kunden.

Abb. 9.2 Die 12 Tipps für den Verkäufer. (eigene Darstellung)

9.4 Die 24 Tipps für Sie

III. Die 13 Regeln für den Rabattalltag
1. Es muss im Unternehmen KLARE Absprachen gelten. Sie sind für jeden Mitarbeiter verbindlich.
2. Auch der Vorgesetzte verhandelt nicht anders als Sie.
3. Wer gut vorbereitet ist, verliert nie die Ruhe.
4. Nur wer sein Produkt und dessen Wert genau kennt, ist überzeugend.
5. Die „Preisattacke" oder die aggressive Frage nach Rabatt ist kein persönlicher Angriff auf den Verkäufer. Der Kunde testet damit bewusst oder unbewusst nur Ihre persönlichen „Fähigkeiten und Veranlagungen."
6. Wer die Rabattquellen bzw. finanziellen Verhältnisse seiner Kunden kennt, hat es leichter, die besseren Gegenargumente auf Rabattstrategien zu finden.
7. Es gibt keinen „Preisstreit" mit dem Kunden. Das wohlüberlegte „Nein" muss den Eintritt in neue Preisverhandlungen bilden.
8. Wer gute Argumente hat, verliert nicht die Ruhe.
9. Die Körpersprache des Kunden liefert wichtige Informationen über Blicke, Bewegung, Stimme, Mimik für ein mögliches Rabattanliegen.
10. Wer fragt, gewinnt und bleibt gelassen. Äußere Ruhe schafft auch innere Ruhe.
11. Wer bei Preisverhandlungen seinen Vorgesetzten braucht, verliert seinen Kunden für immer an den Chef. Der Chef allerdings verliert dann auch seine Verkäufer.
12. Chefs, die sich zu sehr einmischen, verlieren Kunden und Verkäufer.
13. Kompetenz ist das Wissen um klare Verhältnisse innerhalb eines Unternehmens.

Abb. 9.3 Die 13 Regeln für den Rabattalltag. (eigene Darstellung)

9.3 Die 13 Regeln für den Rabattalltag

Rabattverhandlungen sind oft nicht einfach. In Abb. 9.3 gebe ich Ihnen noch einmal eine Übersicht über die wichtigsten Regeln, die Sie dabei berücksichtigen sollten.

9.4 Die 24 Tipps für Sie

In Abb. 9.4 finden Sie 24 kurz und knapp formulierte Tipps für die richtige Strategiewahl im Verkaufsgespräch.

IV. Die 24 Tipps für Sie

1. Nutzen Sie die hier vorgestellten Strategien so oft, wie es Ihnen in Ihrer täglichen Praxis möglich ist.
2. Achten Sie daher auf jegliche nonverbalen Signale des Kunden und halten Sie während des Gesprächs stets Blickkontakt mit dem Kunden.
3. Bitte keine Monologe führen.
4. Der Verhandlungsort ist die Visitenkarte des Unternehmens.
5. Welchen Wert verknüpft der Käufer mit dem Produkt? Was ist dem Kunden wichtig?
6. Nie mehr bloß um den Preis verhandeln, sondern um den Wert bzw. das Wertegefühl.
7. Erweitern Sie daher immer das Produkt um die wichtigen, das Wertegefühl erhöhenden Faktoren, wie die zuvor erwähnten Eigenschaften, Nutzen, Gebrauch, sowie um das für viele auch bedeutsame Image oder Prestige. Ein vermeintlich schwaches Produkt mit scheinbar wenigen brauchbaren Eigenschaften kann für den Verhandlungspartner bei geschickter Präsentation dieser Werte durchaus lukrativ sein.
8. Sie sollten den Bedarf eines jeden Kunden sorgfältig und gewissenhaft erforschen.
9. Vergleichen Sie doch mal beide Varianten mit den Produkten, die Sie täglich verkaufen.
10. „Danke lieber Kunde für Ihre Frage nach einem Preisnachlass. Das habe ich von Ihnen erwartet. Sie sind mir zuvor gekommen, daher für Sie vorab noch ein Hinweis zur Technik, Modell, Nutzen, Vorteilen … et cetera …"
11. Beugen Sie dem Beratungs- und Leistungsdiebstahl vor. Beratungs- und Leistungsdiebstahl bedeutet: Der Kunde beschafft sich alle relevanten Informationen bei Ihnen im Einzelhandel, kauft jedoch letztlich sein Produkt im Internet.
12. Als stationärer Händler weisen Sie den Kunden ausführlich auf die Gefahren des Internetkaufs hin!
13. Vermitteln Sie Ihrem Kunden gerade bei Angeboten aus dem Internet, diese detailliert und unter die Lupe zu nehmen. Was steckt wirklich hinter diesen Konditionen, die oftmals nur ein Preisangebot beinhalten?
14. Nicht sofort mit einem Gegenangebot reagieren.
15. Überhören Sie die Frage schlichtweg und klären Sie den Kunden über die Vorteile seines Kaufes auf.
16. Als Verkäufer setzen Sie mit Ihrer Beratungskompetenz die Standards für zukünftige Kunden.
17. Wer die Frage des Kunden nach Rabatt ernst nimmt und souverän darauf reagiert, wird feststellen, dass Kunden den Argumenten des Verkäufers meist aufgeschlossen gegenüberstehen.
18. Bitte keine generelle Bereitschaft zur Rabattgewährung signalisieren.
19. Den Kunden bitte niemals als Lügner oder Unwissenden bloßstellen.
20. Nehmen Sie die Worte des Kunden in solchen Situationen auf, wenn er vom kolossalen Preis spricht, und sprechen Sie von kolossalem Wert bei marginalem Preis.
21. Statt einem strikten „Nein" sollten Sie daher lieber fragen:
22. „Warum gerade 20 Prozent, lieber Kunde?"
23. „Bei dem Erwerb dieses Produktes sparen Sie 70,00 €."
24. Die indirekte Gegenleistungsforderung, den Kunden zu einem Kauf der Ware zu veranlassen, darf nicht zu offensiv und mit zu viel Druck auf den Kunden verbunden sein, da auf diese Weise die Geschäftsbeziehung zum Kunden womöglich dauerhaft beschädigt werden kann.

Abb. 9.4 Die 24 Tipps für Sie. (eigene Darstellung)

9.5 Übersicht: Die Strategien zur Abwehr von Rabatt

VI. Übersicht – Strategien zur Abwehr von Rabatt

	Teilstrategie	Beispiel
Argumentationsstrategie	Nachfrage	„Wie bitte meinen Sie das mit dem Rabatt?"
	Service	„Wir bieten mehr und besseren Service als andere"
	Klärung	Klären schafft klare Verhältnisse – Jeder weiß, was der andere meint
	Marginal/Kolossal	Marginaler Preis für kolossalen Wert + Prestige + emotionaler Mehrwert
	Widerspruch	Dem Widerspruch folgt Information und Klärung
Rhetorikstrategie	Bestätigung	Gute und richtige Kundenmeinungen erfordern Bestätigung
	Zähigkeit	Zeit gewinnen – Mit Zähigkeit Zeit bestimmen
	Überhören	Überhören Sie nichts – antworten Sie nur später
	Chef-Umkehr	Sei mit mir Verkäufer zufrieden – Der Chef gibt weniger Rabatt
Angebotsstrategie	Kleine Schritte	Kleine Schritte bedeuten auch, mit kleinen Rabattangeboten anzufangen
	Absolute Beträge	Nicht X % sondern glatter Eurobetrag – aber unter der Prozentmarke
	Statt Rabatt	Lederband dazu, Garantie verlängern, etc.
	Gegenleistung	Wenn kaufen, dann jetzt – wenn dieser Preis, dann bitte noch das dazu

Abb. 9.5 Übersicht Strategien zur Abwehr von Rabatt. (eigene Darstellung)

9.5 Übersicht: Die Strategien zur Abwehr von Rabatt

Wie Sie Rabattforderungen – ganz besonders überzogene – erfolgreich abwehren, haben Sie ja bereits gelernt. Zur Erinnerung habe ich in Abb. 9.5 noch einmal eine kompakte Übersicht der Abwehrstrategien für Sie erstellt.

Nachwort

Übermächtiger Kunde trifft auf ahnungslosen Verkäufer. Dieses Szenario gilt wohl nach der Lektüre dieses Buches nicht mehr für Sie. Denn Ihre Souveränität als Verkäufer in der Gesprächsführung bestimmt die Machtverhältnisse zwischen Ihnen und Ihrem Kunden. Und diese Souveränität speist sich maßgeblich aus der intelligenten Anwendung der hier vorgestellten Verhandlungsstrategien. Poker wird zukünftig woanders gespielt. Sie wollen Profi in der Preisverhandlung sein? Dann werden Sie es doch!

Alle Ratschläge und Tipps in diesem Buch wurden und werden bis heute von meinen Mitarbeitern und mir selbst begeistert und aus tiefster innerer Überzeugung heraus täglich angewendet. Insbesondere der Praxisteil dieses Buches hat sich durch jahrelange Anwendung in meinen Betrieben bewährt und soll speziell für Sie im Verkauf ein täglicher, unverzichtbarer Begleiter werden. Diese Verhandlungsstrategien habe ich aus Gründen der Übersichtlichkeit in tabellarischer Form aufgelistet, damit Sie im täglichen Geschäft jederzeit dazu in der Lage sind, sie zügig aufzufinden und anzuwenden.

Aber auch nach Lektüre dieses Buches gilt: Bleiben Sie immer am „Ball", denn nur so erzielen Sie auch weiterhin „Tore". Verhandlungstechniken entwickeln sich permanent weiter. Daher müssen Sie sich ständig den aktuellen Marktentwicklungen anpassen. Permanentes Praxistraining und Stöbern in der Fachliteratur hält Sie fit. Lesen Sie auch die Bücher, die für Ihre Verhandlungspartner, also die Käufer, im Markt erhältlich sind, denn nur so können Sie Ihre Verhandlungstechniken entsprechend perfektionieren.

Weiterführende Literatur von Springer Gabler

Becker, Peter. 2011. *Professioneller Verkauf mit erfolgreichen Beziehungen.* Wiesbaden: Springer Gabler.
Buhr, A, et al. 2011. *Das Sales-Master-Training.* Wiesbaden: Springer Gabler.
Eckert, Gregor. 2002. *Die Schlacht um jeden Preis.* Wiesbaden: Springer Gabler.
Gebhardt-Seele, Stephan. 2013. *Mehr Verkauf durch Nichtverkauf.* Wiesbaden: Springer Gabler.
Herndl, Karl. 2015. *Auf dem Weg zum Profi im Verkauf.* Wiesbaden: Springer Gabler.
Kailing, Valentin. 2014. *Praktische Preis- und Konditionenpolitik.* Wiesbaden: Springer Gabler.
Menthe, Thomas, und Sieg, Manfred. 2013. *Kundennutzen: die Basis für den Verkauf.* Wiesbaden: Springer Gabler.
Poggensee, Ingo. 2009. *Verkaufen!.* Wiesbaden: Springer Gabler.
von Quernheim, Peter, und Ulla Monika Panz. 2005. *Schlagfertig im Verkauf.* Wiesbaden: Springer Gabler.
Scholly, Volker. 2013. *Kundenloyalität im Automobilhandel.* Wiesbaden: Springer Gabler.
Stawski, Dominik. 2010. *Die Prozente der Presse.* Wiesbaden: Springer Gabler.
Stiller, Michael. 2006. *Kundenberatung im persönlichen Verkauf.* Wiesbaden: Springer Gabler.